MI CUERPO
cambiante

UNA GUÍA PARA PREADOLESCENTES SOBRE LA PUBERTAD

EDICIONES OBELISCO

ILUSTRACIONES:
SILVIA VANNI

TEXTOS:
DRA. GIULIA MARCHESI Y
FRANCESCA PALAZZETTI

ÍNDICE

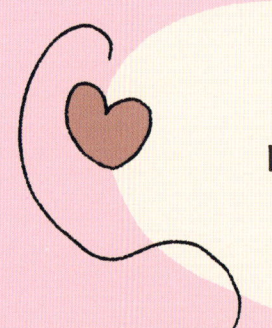

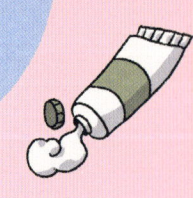

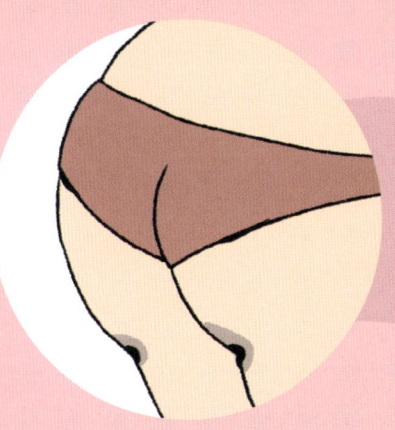
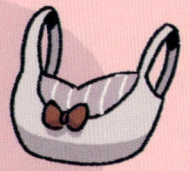

ANTES DE LEER

EL **FUTURO**

ESTÁ **AQUÍ**

PUBERTAD

Este libro está hecho para ti, que ahora tienes **entre 10 y 13 años**. Está pensado para acompañarte durante la pubertad, una etapa multifacética de transformación que todos experimentan a su propio ritmo y de su propia manera. Tu cuerpo y tus pensamientos cambiarán, y también lo harán tus sentimientos y relaciones. A veces, las personas dicen que la pubertad y la adolescencia (hay una diferencia entre las dos, pero llegaremos a eso más adelante) son «difíciles», una época en la que los niños se vuelven «imposibles» o «tercos». Puede que no te lleves bien con los que están cerca de ti, y puede que te cueste ver las cosas desde la misma perspectiva que las personas que amas. Algunos incluso dicen que esta fase debería pasar lo más rápido posible. Pero eso ciertamente no ayuda ni a los jóvenes como tú ni a los adultos que se preocupan por ti a aprender sobre este increíble período de transición, en el que **el cuerpo hace una enorme cantidad de trabajo,** y los órganos y sistemas corporales comienzan a especializarse, dando lugar a funciones, conexiones, pensamientos y procesos que te acompañarán por el resto de tu vida.

Creemos que la información es liberadora, ya que significa comprender mejor (y, por lo tanto, tener control sobre) las cosas que te afectan directamente, que es nuestro objetivo exacto.

Hablaremos de **cuerpos, sentimientos, pensamientos, consentimiento, relaciones** y cómo podemos sentirnos en relación con el mundo que nos rodea: **será un viaje** a través de una fase fundamental en la vida.

ES POSIBLE QUE TENGAS MUCHOS SENTIMIENTOS DIFERENTES SOBRE TODO ESO, Y ESTÁ PERFECTAMENTE BIEN.

EN LAS PÁGINAS DE ESTE LIBRO, PODRÍAS RECONOCER COSAS QUE YA TE ESTÁN SUCEDIENDO Y APRENDER POR QUÉ, O SIMPLEMENTE PODRÍA AYUDARTE A PREPARARTE PARA ELLAS, DE MODO QUE NO TENGAS MIEDO CUANDO FINALMENTE OCURRAN.

CON ESTE LIBRO, QUEREMOS DARTE UNA CAJA DE
HERRAMIENTAS QUE PUEDAS LLEVAR CONTIGO A DONDEQUIERA
QUE VAYAS.

En él se encuentran herramientas fundamentales, como las **palabras correctas** para nuestras **partes del cuerpo.** Creemos que esto es
esencial porque la mayoría de las personas que son adultas hoy en día
no tuvieron la oportunidad de aprender sobre su cuerpo en detalle, y
los efectos pueden verse en muchos niveles, comenzando por la difi-
cultad para usar la terminología adecuada al referirse a sus propios
cuerpos y a los de los demás.

¡NUESTRO OBJETIVO ES ASEGURARNOS DE QUE TU GENERA-
CIÓN ESTÉ MEJOR PREPARADA!

Queremos que aprendas todo lo que hay que saber sobre tu **cuerpo** y cómo **funciona,** y también cómo funcionan los cuerpos de otras personas, porque gradualmente, a medida que creces, asumirás nuevos roles al salir al mundo.

Conocer su composición y características te ayudará a sentirte como un todo multifacético, complejo y multiforme, en el que una visión plural y amplia puede ser un recurso para identificar hasta qué punto tus **necesidades** y **derechos** se entrelazan con los de los demás. Ésta es la base misma de cualquier sociedad.

Y COMO NO TODOS LOS CUERPOS SE MUEVEN A LA MISMA VELOCIDAD, RECUERDA NO JUZGARLOS, NI EL TUYO NI EL DE LOS DEMÁS, SIMPLEMENTE PORQUE NO ESTÁN CAMBIANDO AL MISMO RITMO QUE LOS DEMÁS.

Queremos decirte que, para saber lo que necesitamos y lo que nos funciona, también debemos escuchar cómo nos sentimos. Tenemos que ser conscientes de nuestros **sentimientos, sensaciones, impresiones, dudas:** todo lo que forma parte de la **esfera emocional** (cuando nos pertenece sólo a nosotros) y la **esfera relacional** (cuando está vinculada a los demás). En este momento de la vida, pueden ser más intensos que nunca.

QUÉDATE TRANQUILO: TODO ESTO FORMA PARTE DEL PROCESO. RECUERDA QUE NO ERES EL ÚNICO AL QUE LE PASA Y QUE SIEMPRE PUEDES PEDIR AYUDA SI ALGO TE RESULTA DEMASIADO INTENSO HABLANDO CON UN ADULTO EN QUIEN CONFÍES.

Queremos asegurarnos de que entiendas la importancia del **con-sentimiento,** lo que significa cuidar atentamente cada interacción o intercambio con otras personas, para que nuestros límites y los de los demás siempre sean respetados. Los límites son fronteras personales que todos establecemos para protegernos, basándonos en lo que nos gusta y nos hace felices, y en lo que, por el contrario, nos incomoda y nos pone tristes.

EN SU ESENCIA, «CONSENTIMIENTO» SIGNIFICA «SENTIR JUNTOS», Y POR LO TANTO, SÓLO ACTUAR SI TODOS LOS INVOLUCRADOS ESTÁN DE ACUERDO.

EN ESTE LIBRO, HEMOS DECIDIDO HABLAR DIRECTAMENTE CONTIGO PORQUE QUEREMOS QUE SEAS TÚ QUIEN RECIBA LA INFORMACIÓN QUE CONTIENE.

No encontrarás palabras como «niñas» y «niños». En su lugar, hemos utilizado los términos «personas XX» y «personas XY», porque esos términos son más representativos de los cuerpos y no de las identidades (más sobre esto en la página 31).

X Y Y SON CROMOSOMAS SEXUALES

LAS PERSONAS ASIGNADAS COMO FEMENINAS AL NACER GENERALMENTE TIENEN CROMOSOMAS SEXUALES XX, MIENTRAS QUE LAS PERSONAS ASIGNADAS COMO MASCULINAS AL NACER GENERALMENTE TIENEN CROMOSOMAS SEXUALES XY.

Este libro es para ti, pero puedes compartirlo con quien quieras, especialmente si algo te parece complicado o si quieres saber más.

Quizá lo leas todo de una vez o tal vez vayas directamente a las partes que más te interesan. O quizá lo dejes a mitad para retomarlo después. EN CUALQUIER CASO, ¡FELIZ LECTURA!

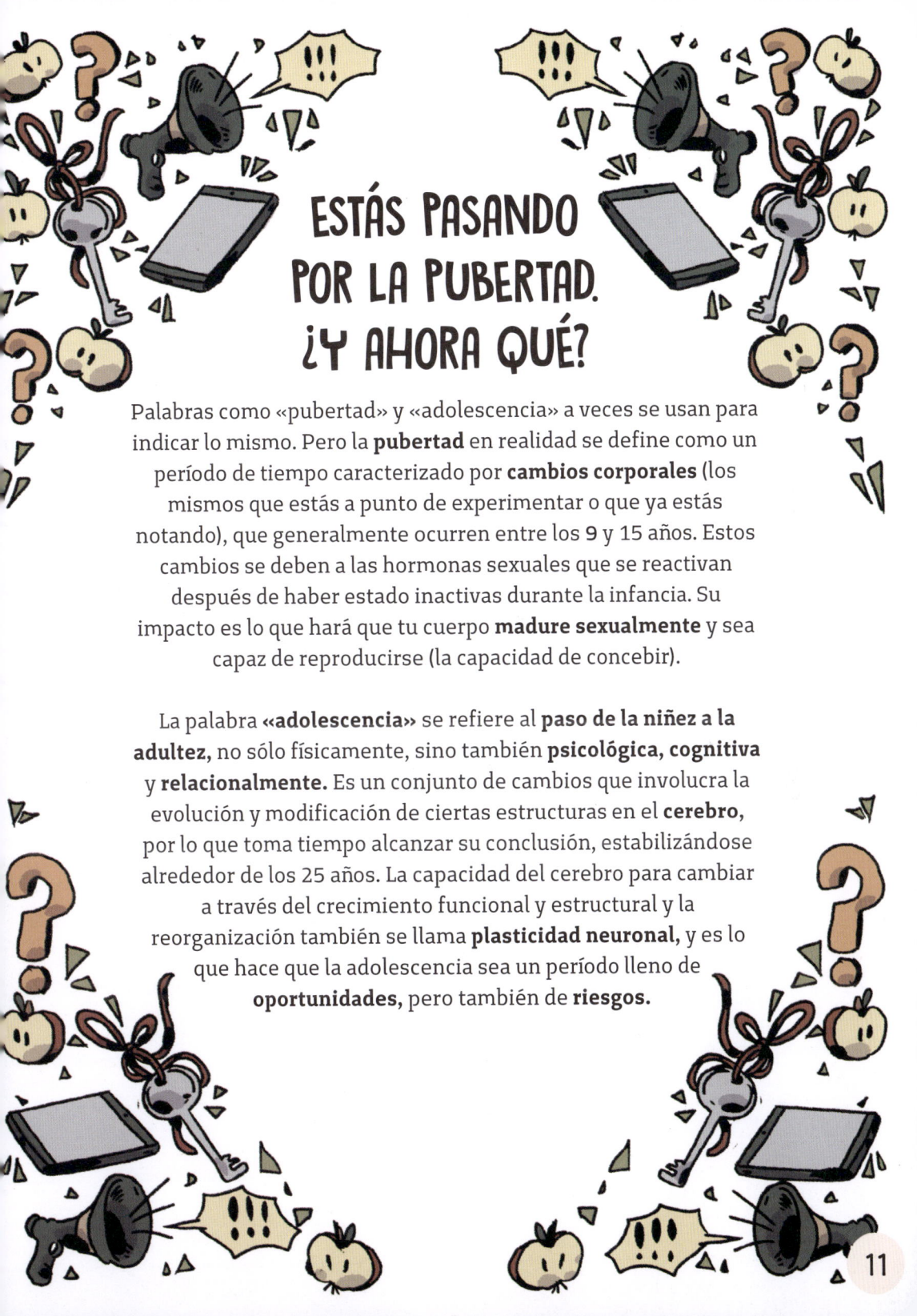

ESTÁS PASANDO POR LA PUBERTAD. ¿Y AHORA QUÉ?

Palabras como «pubertad» y «adolescencia» a veces se usan para indicar lo mismo. Pero la **pubertad** en realidad se define como un período de tiempo caracterizado por **cambios corporales** (los mismos que estás a punto de experimentar o que ya estás notando), que generalmente ocurren entre los **9 y 15 años**. Estos cambios se deben a las hormonas sexuales que se reactivan después de haber estado inactivas durante la infancia. Su impacto es lo que hará que tu cuerpo **madure sexualmente** y sea capaz de reproducirse (la capacidad de concebir).

La palabra **«adolescencia»** se refiere al **paso de la niñez a la adultez,** no sólo físicamente, sino también **psicológica, cognitiva y relacionalmente.** Es un conjunto de cambios que involucra la evolución y modificación de ciertas estructuras en el **cerebro,** por lo que toma tiempo alcanzar su conclusión, estabilizándose alrededor de los 25 años. La capacidad del cerebro para cambiar a través del crecimiento funcional y estructural y la reorganización también se llama **plasticidad neuronal,** y es lo que hace que la adolescencia sea un período lleno de **oportunidades,** pero también de **riesgos.**

EL VERANO HA TERMINADO Y ES HORA DE VOLVER A LA ESCUELA.

ESTUDIAR PUEDE SER DIFÍCIL, Y AUNQUE A VECES PIENSE QUE HABRÍA PREFERIDO QUE EL VERANO NUNCA TERMINARA.

¡ES GENIAL VOLVER A VER A TODOS MIS AMIGOS!

ESO NUNCA CAMBIARÁ. NOSOTROS NUNCA CAMBIAREMOS.

¡HEY!

TODAS ESTAS COSAS TE DICEN
QUE ESTÁS CRECIENDO. SEGUIRÁS
BUSCANDO A LOS ADULTOS
QUE CONOCES, PERO TAMBIÉN
SENTIRÁS EL DESEO DE HACER
COSAS POR TU CUENTA O CON
TU GRUPO DE AMIGOS
Y DE SENTIRTE COMO UN ADULTO.

✳ EL MUNDO DE LOS ADULTOS

Probablemente querrás ser más **independiente,** ganando autonomía de los adultos que te cuidan y tomando decisiones que crees que son las mejores, sin pedir permiso a nadie.

En realidad, tus sentimientos hacia las personas en las que confías podrían parecer **contradictorios:** por un lado, quieres alejarte de ellas, pero por otro, todavía necesitas su apoyo.

Ellos pueden empezar a verte de manera diferente a como lo hacían antes y pensar que eres «rebelde». Recuerda que para convertirte en adulto, es posible que tengas que enfrentarte a ellos. No olvides que incluso los adultos a tu alrededor también fueron **adolescentes** alguna vez, y probablemente sintieron lo mismo que estás sintiendo ahora.

LOS ADULTOS PUEDEN SER UNA GRAN FUENTE DE INFORMACIÓN ÚTIL. AUNQUE CADA EXPERIENCIA ES ÚNICA Y PERSONAL, HABLAR DE ELLAS JUNTOS PODRÍA DARTE PERSPECTIVAS EN LAS QUE NO HABÍAS PENSADO.

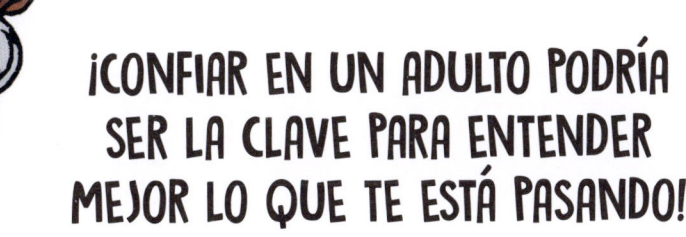

¡CONFIAR EN UN ADULTO PODRÍA SER LA CLAVE PARA ENTENDER MEJOR LO QUE TE ESTÁ PASANDO!

✳AMISTAD

Durante la **pubertad,** el **grupo de amigos** en el que confías y con el que hablas puede convertirse en el punto central de tu vida. Podrías sentir que te **entienden,** ya que están pasando por lo mismo que tú y pueden comprender lo que sientes, haciéndote sentir **parte del grupo.**

O tal vez seas una persona más **solitaria** o no sientas la necesidad de identificarte con un sólo grupo. Recuerda siempre que **estás pasando por una transición** en la que, ante todo, estás **descubriendo** quién eres. En otras palabras: las cosas pueden cambiar con el tiempo.

¿SABÍAS QUE...?

... si tu forma de querer (o no querer) ser parte de un grupo está afectando significativamente tu vida diaria, impidiéndote hacer algo o forzándote a hacer algo, deberías hablar con alguien en la oficina del psicólogo o consejero, si tu escuela tiene uno (o incluso hablar con el maestro con el que te sientas más cómodo), o pedirle a un **adulto** de confianza que se ponga en contacto con alguien que esté capacitado y cualificado en el **campo de la psicología.**

¡SIEMPRE HAY UNA SOLUCIÓN!

¡ESTAMOS AQUÍ LA UNA PARA LA OTRA!

17

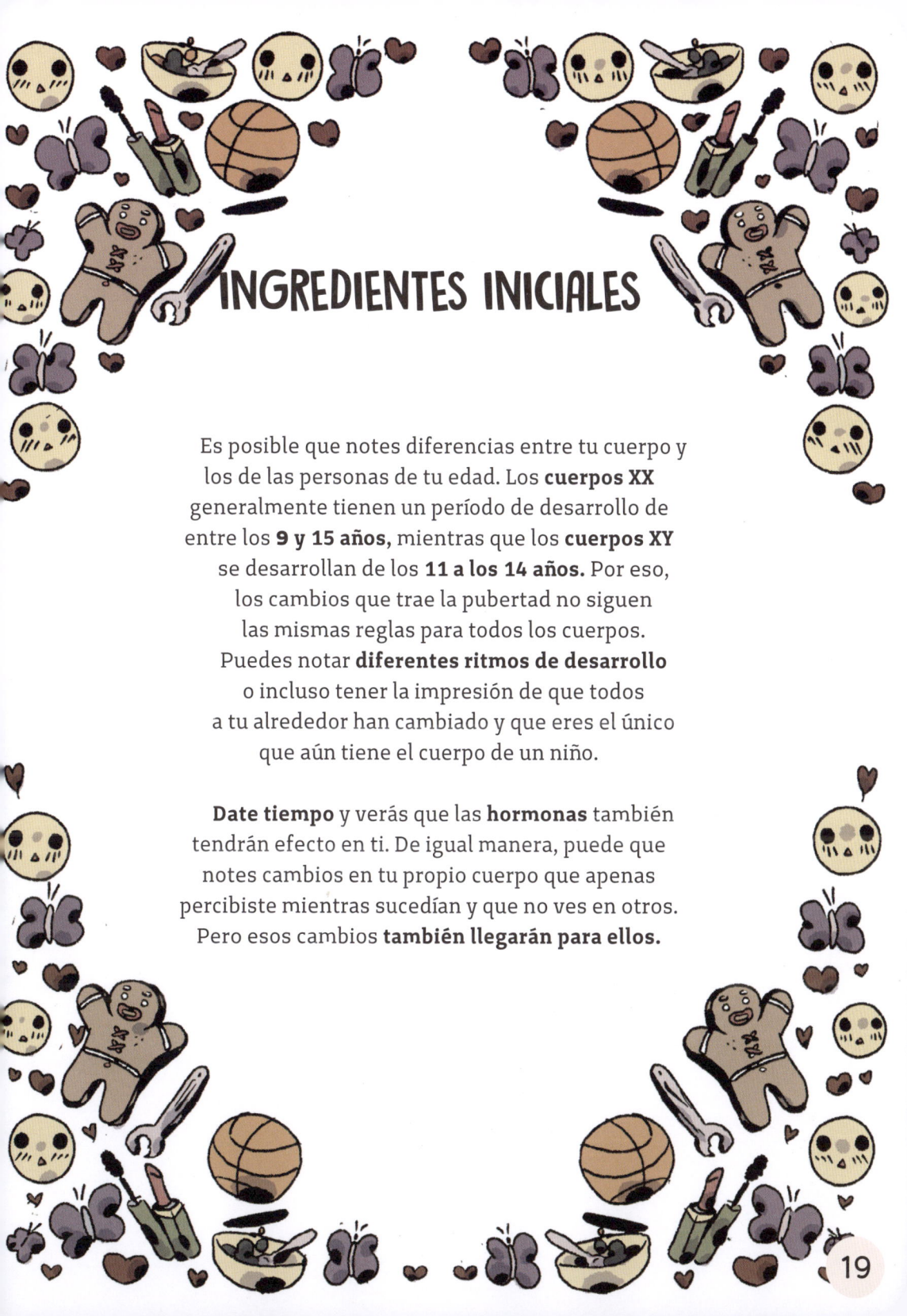

INGREDIENTES INICIALES

Es posible que notes diferencias entre tu cuerpo y los de las personas de tu edad. Los **cuerpos XX** generalmente tienen un período de desarrollo de entre los **9 y 15 años,** mientras que los **cuerpos XY** se desarrollan de los **11 a los 14 años.** Por eso, los cambios que trae la pubertad no siguen las mismas reglas para todos los cuerpos. Puedes notar **diferentes ritmos de desarrollo** o incluso tener la impresión de que todos a tu alrededor han cambiado y que eres el único que aún tiene el cuerpo de un niño.

Date tiempo y verás que las **hormonas** también tendrán efecto en ti. De igual manera, puede que notes cambios en tu propio cuerpo que apenas percibiste mientras sucedían y que no ves en otros. Pero esos cambios **también llegarán para ellos.**

EN LA LECCIÓN DE ANATOMÍA DE HOY HABLAREMOS SOBRE **LOS GENITALES**.

¡JE, JE!

¡EH! ¡TÚ, EL DEL FONDO!

¡DEJEN DE REÍRSE!

ABRAN SUS LIBROS EN LA PÁGINA 22.

LA VULVA: LO QUE VES EN EL EXTERIOR...

1. **Monte de Venus (mons pubis):** una masa de tejido graso sobre el hueso púbico.

2. **Clítoris:** el órgano que proporciona placer a los cuerpos XX. Sólo vemos una pequeña parte de él (el **glande** y el **capuchón).**

3. **Meato urinario:** por donde sale la orina.

4. **Labios exteriores (labia majora):** pliegues de piel que cubren las partes internas.

5. **Labios interiores (labia minora):** pliegues de carne delgada.

6. **Apertura vaginal:** la entrada al canal vaginal.

El **clítoris** es un órgano bastante grande que se extiende hacia el interior de la vagina.

Glande

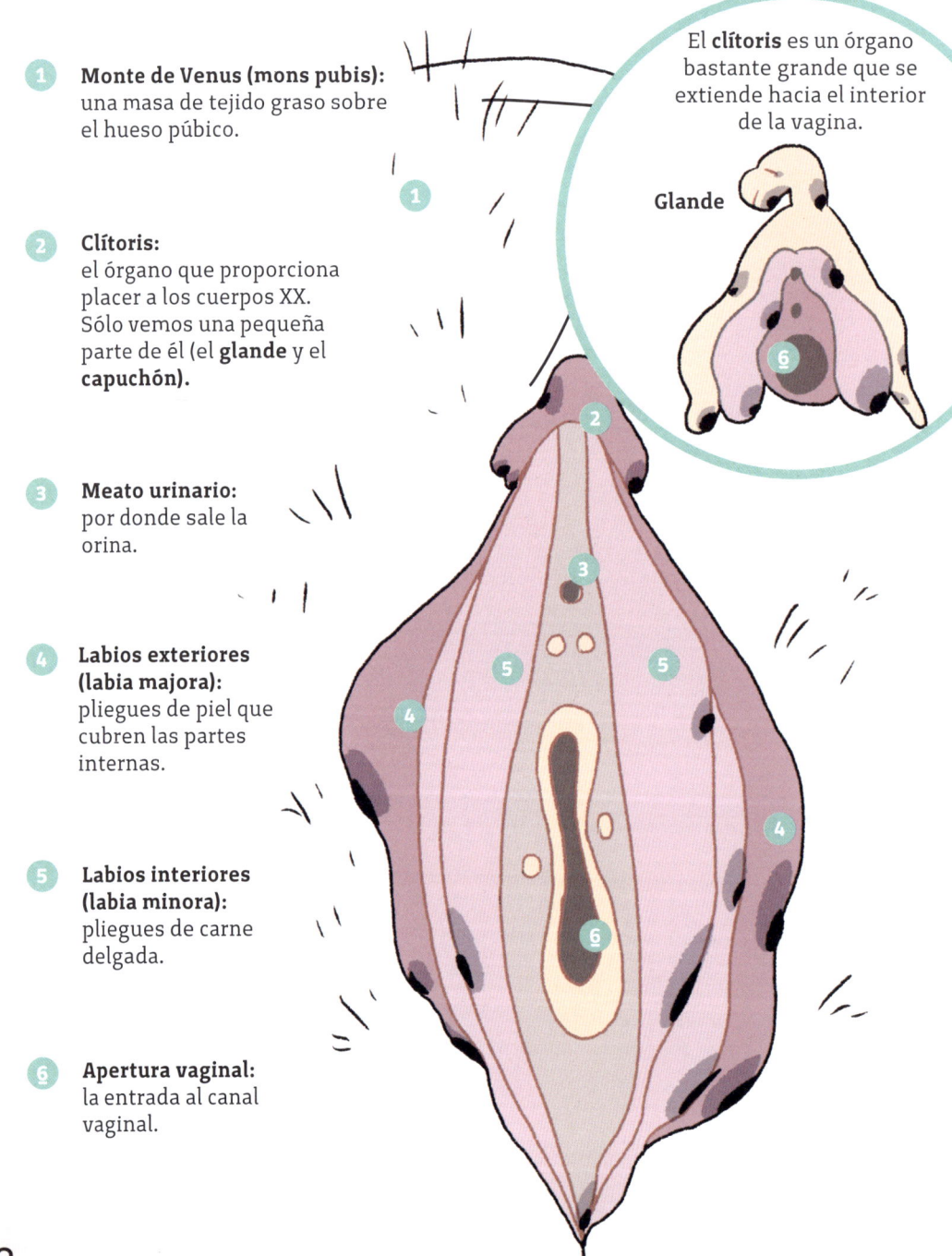

... Y LO QUE HAY EN EL INTERIOR

Ovarios: glándulas con forma de almendra que secretan hormonas sexuales femeninas y dentro de las cuales se forman los folículos ováricos (que contienen los ovocitos).

Trompas de Falopio: dos tubos que conectan los ovarios con el útero.

Útero: el órgano muscular que conecta la vagina con las **trompas de Falopio**; es donde los bebés crecen y se desarrollan.

Cérvix: ubicado en la parte posterior de la vagina.

Himen: una membrana muy fina y elástica que se encuentra en la apertura vaginal.

Vagina: el canal muscular que conecta la vulva con el útero; el **himen** se encuentra en su apertura.

EL PENE Y SUS PARTES

1 **Monte de Venus:**
una masa de tejido graso
sobre el hueso púbico.

2 **Pene:**
este órgano está
compuesto por dos cuerpos
cavernosos y un cuerpo
esponjoso, todo cubierto
de piel y formado por el
tallo y el **glande;** este
último está cubierto por
el **prepucio** (un pliegue '
de piel elástica).

3 **Testículos:**
glándulas que secretan
hormonas sexuales
masculinas, utilizadas
para la producción de
esperma.

4

Escroto:
saco de piel que
contiene los
testículos.

5

Frenillo:
la tira de tejido que
conecta la base del
prepucio con el
glande.

Epidídimo:
el tubo detrás de
cada testículo por
el cual los
espermatozoides
pasan hacia el
**conducto
deferente**.

6

7 **Uretra:**
un tubo que conecta
el pene con
la vejiga y la
próstata.

Próstata:
la glándula
que ayuda a
producir
el semen.

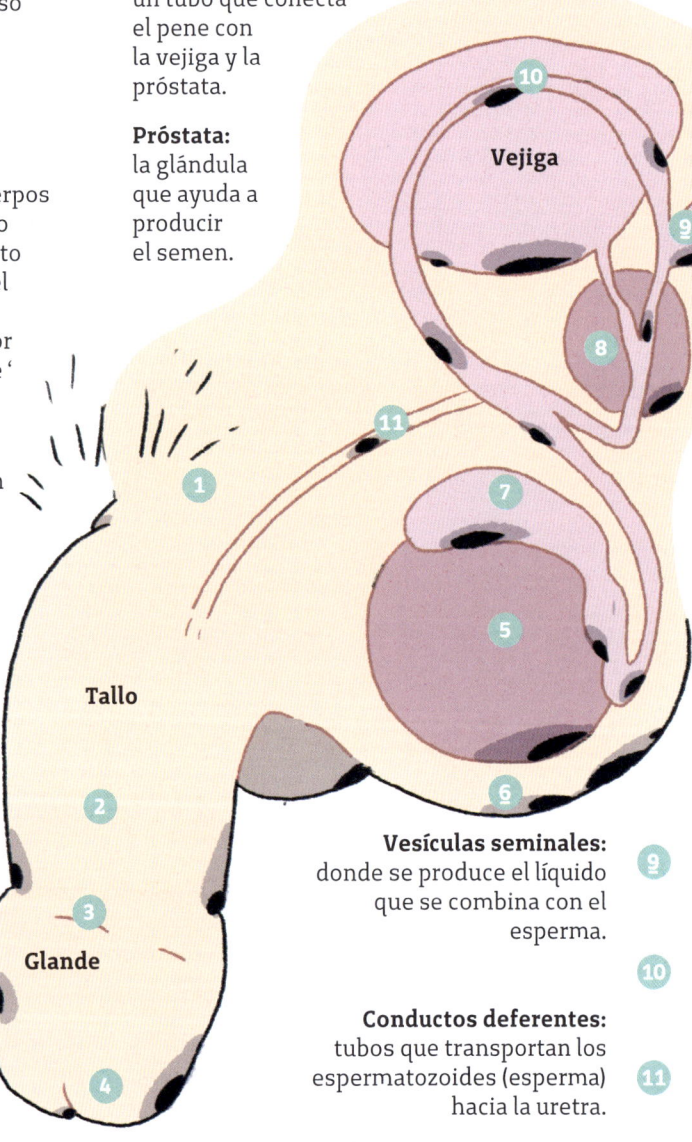

Vejiga

Tallo

Glande

Vesículas seminales:
donde se produce el líquido
que se combina con el
esperma.

9

10

Conductos deferentes:
tubos que transportan los
espermatozoides (esperma)
hacia la uretra.

11

8 **Meato urinario:**
por donde salen la orina y el líquido seminal.

TODOS LOS CUERPOS TIENEN

1 **Ano:**
el extremo/
apertura del
recto, por donde
salen las heces.

2 **Vejiga:**
el órgano que
recoge la orina
filtrada por los
riñones, que luego
es expulsada a
través de la **uretra.**

3 **Perineo:**
el área entre los
genitales externos y el
ano, conectada a los
músculos pélvicos.

El conjunto de músculos y ligamentos que cierra la parte inferior del cuerpo y mantiene los órganos en su lugar se llama suelo pélvico.

✳¡NUESTROS ÓRGANOS TAMBIÉN CAMBIAN!

Uno de los signos de la llegada de la pubertad es cuando los órganos genitales comienzan a cambiar. La piel del **escroto** se vuelve más áspera y oscura, los **testículos** aumentan de volumen, al igual que el **pene,** que se alarga y engrosa. El color de la **vulva** se oscurece, el tejido graso forma una especie de «cojín» sobre el **monte de Venus,** y los labios interiores y exteriores se vuelven más carnosos.

Los labios interiores pueden volverse más grandes que los exteriores, sobresaliendo ligeramente. El **vello** comienza a crecer en el pubis, los labios exteriores y el escroto.

ADEMÁS, LAS PERSONAS CON CUERPOS XX Y XY PUEDEN NOTAR POR IGUAL QUE SUS GENITALES SE VUELVEN MÁS RECEPTIVOS A LAS SENSACIONES FÍSICAS Y A LOS ESTÍMULOS SENSORIALES.

¿CON QUÉ FRECUENCIA TE MIRAS LA CARA EN EL ESPEJO? ¿POR QUÉ NO DARLE EL MISMO TIPO DE ATENCIÓN A LAS OTRAS PARTES DEL CUERPO?

✳MIRA Y APRENDE

Conocer la anatomía de tus genitales y hacer de ello un hábito diario te ayudará a **controlar** cualquier cambio y a notar si algo no parece estar bien.

Esto puede ser un poco más fácil para las **personas XY** porque el pene y el escroto son visibles, mientras que las **personas XX** tal vez quieran usar un espejo, lo que les permitirá ver sus genitales de manera más completa. De hecho, para ver toda la vulva, será necesario mover los **labios internos** hacia los lados para encontrar la **apertura vaginal**. Pero en realidad, un espejo también será útil para las personas con **cuerpos XY,** ya que les permitirá ver el **pene** y el **escroto** desde una perspectiva diferente.

NO TODAS LAS VULVAS Y PENES SON IGUALES. VIENEN EN DIFERENTES FORMAS Y COLORES. ¡Y ESO ESTÁ PERFECTAMENTE BIEN!

SI VES ALGO QUE TE PREOCUPA O SI TIENES PREGUNTAS, HABLA CON UN ADULTO EN QUIEN CONFÍES.

✳¿QUÉ SABEN LOS ADULTOS, DE TODOS MODOS?

Ahora que has aprendido todo, intenta preguntarle a quien te cuida sobre estas partes del cuerpo, dónde están, qué hacen y cómo se llaman. ¡Apostamos a que se equivocarán en al menos tres! Puede parecer gracioso, pero el mundo está lleno de adultos que no conocen su propia anatomía, y mucho menos la de los demás. Esto puede ser un verdadero problema en términos de salud. Por ejemplo, podrían tener dificultades para describir un problema a un **profesional médico** o no saber sobre la **higiene** adecuada. Y puede ser un obstáculo en sus **relaciones íntimas,** especialmente en lo que respecta a conocer o hablar sobre las áreas del cuerpo que son sensibles al placer, o más delicadas que otras, en su propio cuerpo y en los de los demás.

✳ PREPUCIO

Al nacer, a menos que se realice la **circuncisión,** el pene está físicamente «cerrado», lo que significa que el **prepucio** cubre el **glande** y no se desliza para exponerlo. Esto ocurre gradualmente y de manera natural con el tiempo.

Cuando el prepucio es demasiado ajustado y no puede retraerse para descubrir la cabeza (glande) del pene, se llama **fimosis,** una afección que debe ser evaluada mediante una visita al médico y que puede requerir intervención médica.

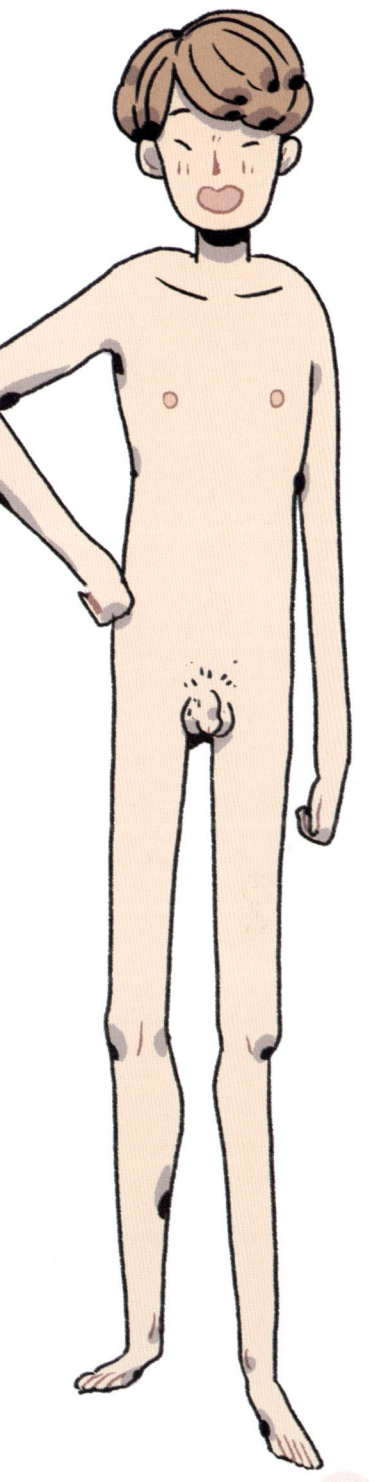

✳ CIRCUNCISIÓN

En algunas culturas, es común la parte final del **prepucio.** Esta práctica, llamada **circuncisión,** es una cirugía que corta una sección de piel. Debe hacerse con anestesia en un hospital. En la mayoría de los casos, las costumbres culturales implican circuncidar a las personas XY cuando son muy pequeñas, aunque puede haber razones médicas para la circuncisión más adelante en la vida.

✳HIMEN

Esta palabra tiene origen griego y significa **«membrana».** Las palabras dan forma al mundo en el que vivimos: la palabra «membrana» nos hace pensar en una especie de velo, una estructura que «cierra» algo más, y a lo largo de los siglos, los humanos y las culturas han creado diversas creencias sobre el himen, como la (falsa) idea de que está relacionado con la **virginidad.**

TAMBIÉN ES IMPORTANTE RECORDAR QUE, HABLANDO ANATÓMICAMENTE, LA «VIRGINIDAD» NO EXISTE: SIMPLEMENTE, ES UNA CONSTRUCCIÓN SOCIAL.

En los raros casos en que esta membrana es continua, una revisión médica **antes del inicio de la pubertad** será útil para verificar y, si es necesario, intervenir.

EN 2009, LA ASOCIACIÓN SUECA PARA LA EDUCACIÓN SEXUAL PROPUSO RENOMBRAR EL HIMEN Y LLAMARLO «CORONA VAGINAL», PORQUE EL HIMEN SE ASEMEJA MUCHO MÁS A UNA CORONA QUE A UN SELLO.

Los cromosomas son estructuras que se encuentran dentro del núcleo de las células y contienen los genes de una persona. Los genes son códigos químicos que determinan la forma y composición del cuerpo y cómo funciona. Cada célula humana suele tener 23 pares de cromosomas, para un total de 46 cromosomas.

✳EL MISMO ORIGEN BIOLÓGICO

¡LOS GENITALES DE LOS CUERPOS XX Y XY TIENEN EL MISMO ORIGEN BIOLÓGICO!

De hecho, hasta la **sexta semana de gestación** (el período en el que el feto se desarrolla en el cuerpo de la madre, durante el embarazo), los genitales son idénticos y están hechos del mismo material en todos los cuerpos. Sólo se convierten en XX o XY más adelante, de acuerdo con los cromosomas y las hormonas producidas por las glándulas y captadas por los receptores. En ambos casos, las estructuras son similares: en los cuerpos XX encontramos un **clítoris** y **labios exteriores**, y en los cuerpos XY encontramos el **pene** y el **escroto**.

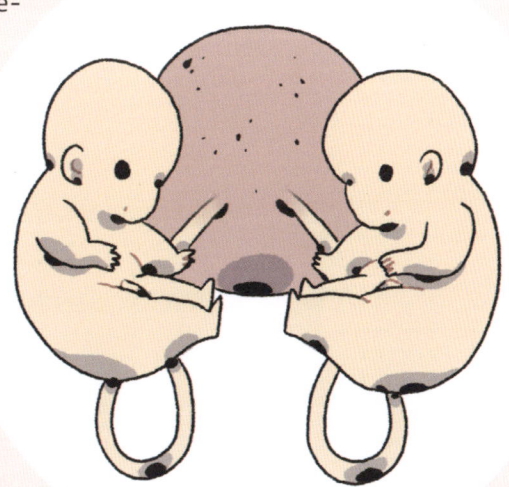

✳EL DESPERTAR HORMONAL

La **pubertad** comienza porque las hormonas sexuales se despiertan después de un largo descanso. La primera vez que se activaron fue entre el primer y el quinto mes de embarazo, cuando aún estabas en el útero. Empezaron a trabajar para permitir que tus genitales se desarrollaran. A través de tus genitales, órganos sexuales, cromosomas y hormonas, se definió tu **sexo al nacer** (o, más probablemente, cuando aún estabas en el útero) como **femenino** o **masculino**.

ESTA ETIQUETA, QUE TE FUE ASIGNADA DESDE EL INICIO, PUEDE MOLDEAR LA MANERA EN QUE VIVES Y EXISTES EN EL MUNDO, YA QUE SE TE HA ATRIBUIDO UN ROL DE GÉNERO. EN OTRAS PALABRAS, EL ROL QUE LA SOCIEDAD ESPERA DE TI, PRECISAMENTE PORQUE APARENTEMENTE PERTENECES A LA CATEGORÍA «MASCULINO» O «FEMENINO».

Es posible que hayas escuchado ciertas características asignadas arbitrariamente a un género en lugar de otro: se supone que las personas identificadas como **femeninas** son sensibles, dulces, complacientes y emocionales, y se dice que aman la cocina, el maquillaje y la moda, mientras que las personas identificadas como **masculinas** son supuestamente fuertes y resolutivas, nunca lloran y se espera que amen los autos y los deportes. En realidad, éstos son **estereotipos** que tienen poco que ver con el hecho de que cada persona tiene características, pasiones e inclinaciones individuales, independientemente del género con el que se identifique.

A VECES LOS CUERPOS SON INTERSEX. ESTO SUCEDE CUANDO ESA PERSONA TIENE CARACTERÍSTICAS BIOLÓGICAS (RELACIONADAS CON LOS GENITALES Y ÓRGANOS REPRODUCTIVOS, TANTO INTERNOS COMO EXTERNOS, COMPONENTES GENÉTICOS Y HORMONAS) QUE GENERALMENTE SE ASOCIAN CON CUERPOS XX Y XY.

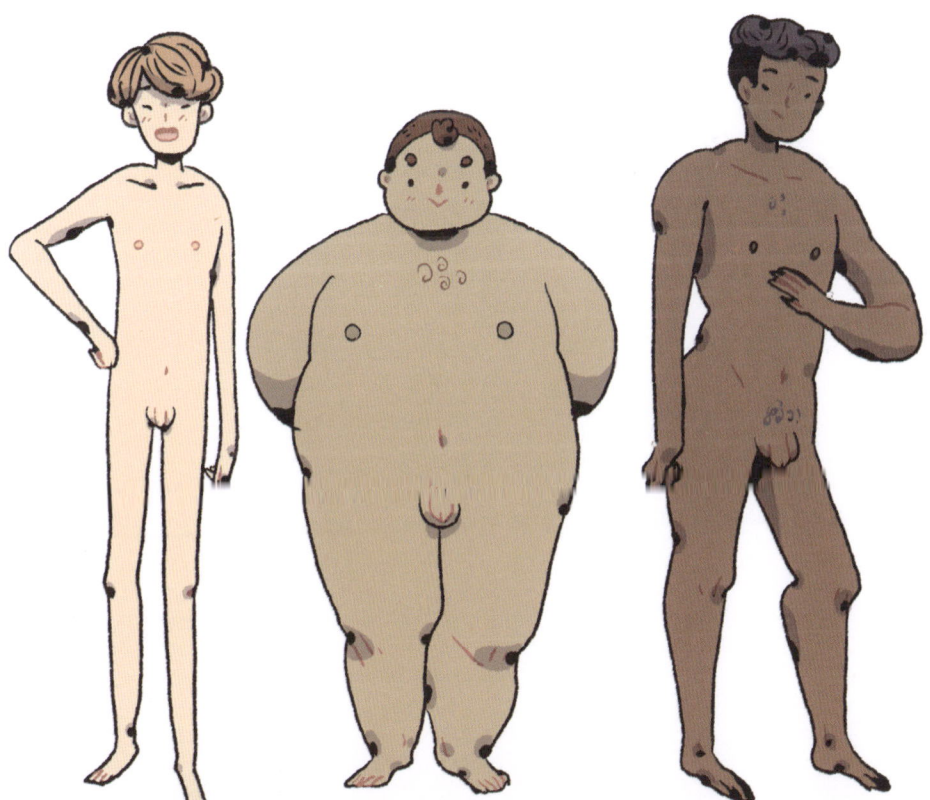

✳HOMBRE DE JENGIBRE

ESTE HOMBRE DE JENGIBRE QUIERE EXPLICAR QUE TÚ, COMO PERSONA, ERES UN TODO COMPUESTO DE MUCHAS PARTES Y ASPECTOS (FÍSICOS Y DE OTRO TIPO) QUE SE UNEN. NINGUNO DE ELLOS, POR SÍ SÓLO, TE REPRESENTA COMPLETAMENTE. ESTOS ASPECTOS SON:

SEXO BIOLÓGICO
significa el sexo que te asignaron al nacer según tus genitales externos e internos, tus órganos, tus hormonas y tus cromosomas.

IDENTIDAD DE GÉNERO
significa el género con el que te sientes identificado.

ORIENTACIÓN SEXUAL (U ORIENTACIÓN ROMÁNTICA)
significa quién o qué te atrae.

EXPRESIÓN DE GÉNERO
significa cómo expresas tu

NO TODO EL MUNDO SE IDENTIFICA CON LA APARIENCIA DE SU CUERPO. ES POSIBLE QUE TU CUERPO HAYA SIDO DEFINIDO COMO MASCULINO O FEMENINO, PERO PUEDE QUE NO SIENTAS QUE ESTO TE REPRESENTA.

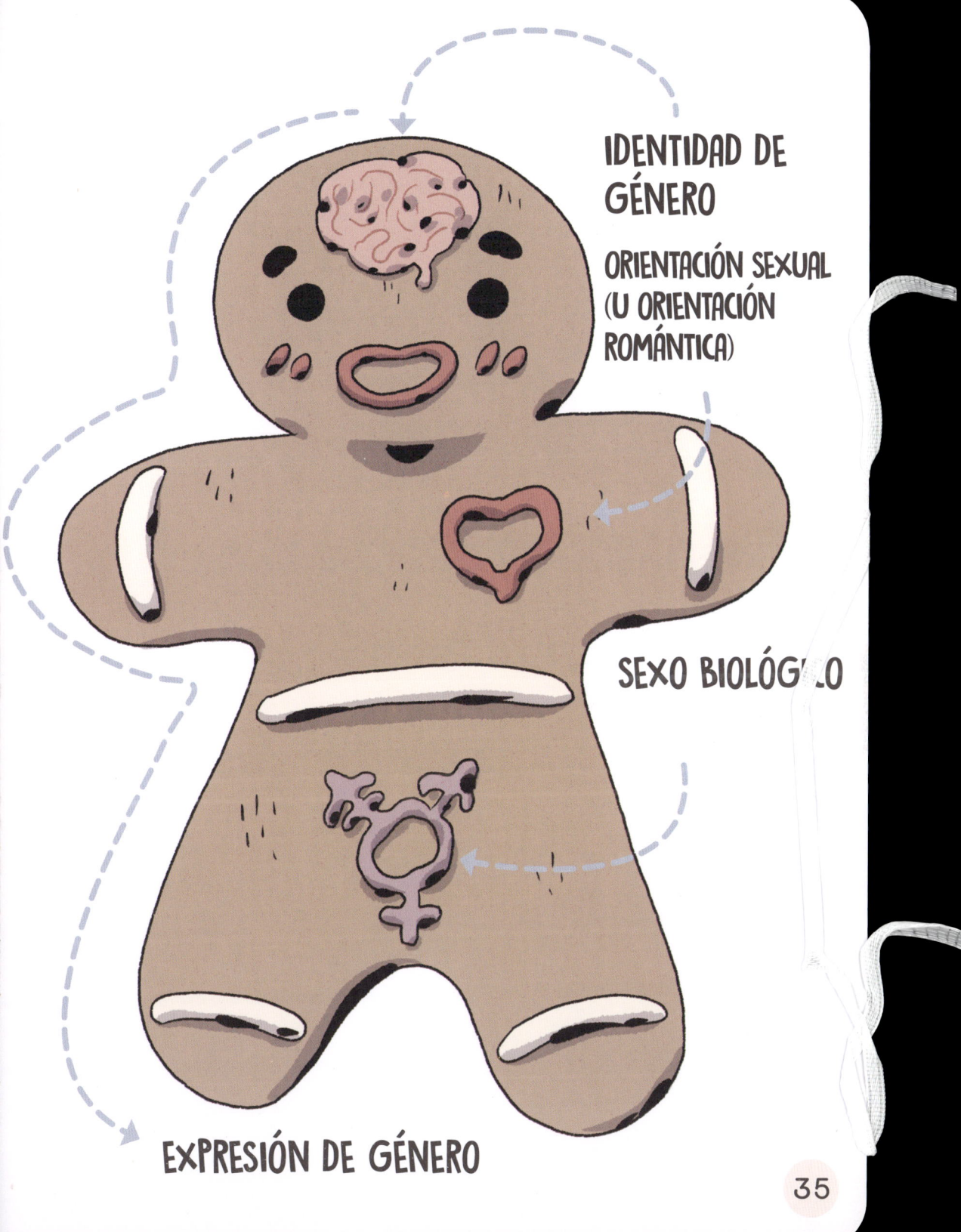

IDENTIDAD DE GÉNERO

ORIENTACIÓN SEXUAL (U ORIENTACIÓN ROMÁNTICA)

SEXO BIOLÓGICO

EXPRESIÓN DE GÉNERO

¡ES UNA CUESTIÓN DE CEREBRO!

✳HASTA EL CEREBRO CAMBIA

Imagina dividir el cerebro humano en diferentes áreas, cada una dedicada a un conjunto de funciones. Durante la adolescencia, independientemente del género, ocurren dos grandes cambios en dos áreas particulares del cerebro. El primero es un **aumento de la materia blanca**, formada por fibras que conectan diferentes áreas, cubiertas por **mielina** (un lubricante que ayuda a que las conexiones viajen más rápido), y el segundo es una **disminución gradual de la materia gris**. Desde que eras un bebé pequeño, tu materia gris ha seguido creciendo, alcanzando su densidad máxima. Sin embargo, el inicio de la pubertad también marca el comienzo de una especie de «poda» que reducirá la materia gris en casi un 50% en un plazo de 20-25 años.

ESO SIGNIFICA PASAR DE TENER MUCHAS NEURONAS CONECTADAS DE FORMA DESORDENADA A TENER MENOS, PERO LAS QUE QUEDAN ESTÁN SELECCIONADAS Y TIENEN CONEXIONES MÁS ORGANIZADAS Y FUNCIONALES.

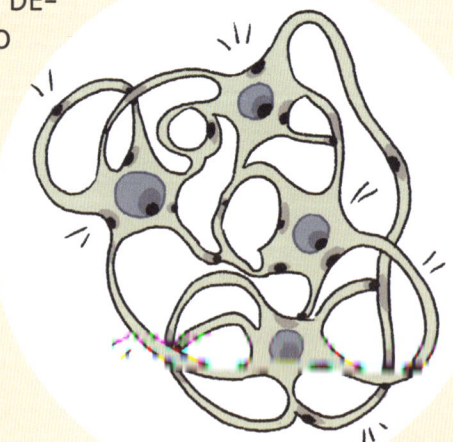

Nuestro cerebro descarta las **sinapsis** (conexiones) que ya no parecen necesarias mientras selecciona las que se utilizan con más frecuencia, prestando aún más atención a ellas y mejorando así su eficiencia.

Las áreas más involucradas en estos cambios son el **sistema límbico,** responsable de la intensidad de tus emociones, gratificación y placer, y la **corteza prefrontal,** el sitio de las funciones de regulación y control que nos permiten procesar información y tomar decisiones orientadas a objetivos.

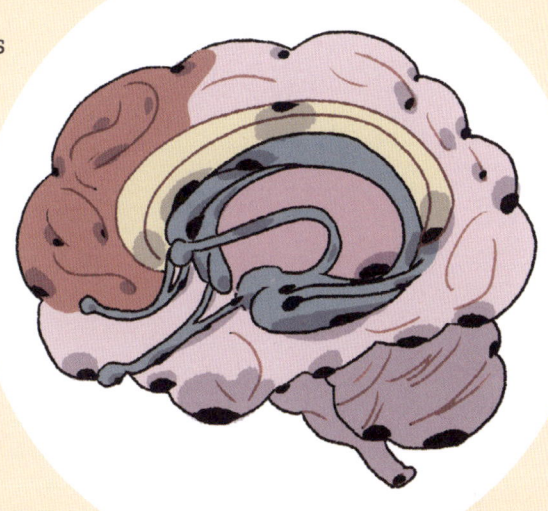

¿SABÍAS QUE...?

... diferentes áreas del cerebro maduran a diferentes ritmos, lo que explica por qué este período de transición es algo caótico.

PODRÍAS SENTIR EMOCIONES MUY INTENSAS MIENTRAS TAMBIÉN TOMAS DECISIONES APRESURADAS SIN AÚN PODER PREVER LAS CONSECUENCIAS.

ES UNA FASE INCREÍBLE DE LA VIDA EN LA QUE TU CEREBRO ESTÁ EN EL PUNTO MÁXIMO DE SU CAPACIDAD DE TRANSFORMACIÓN Y ESPECIALIZACIÓN, PERO NUNCA LO HABÍA HECHO ANTES Y NO SABE BIEN CÓMO. POR ESO, MERECE TODO NUESTRO AMOR Y RECONOCIMIENTO.

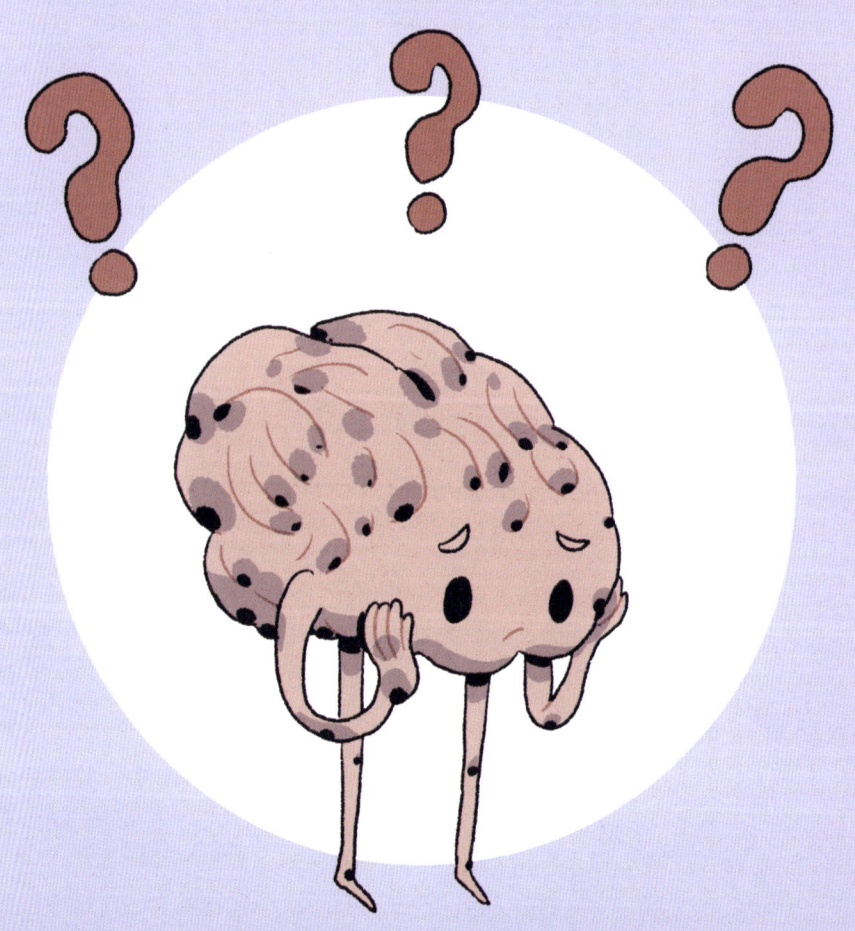

EL PENSAMIENTO CREATIVO Y ABSTRACTO, LA BÚSQUEDA DE NUEVAS EXPERIENCIAS, LA PARTICIPACIÓN EN RELACIONES SOCIALES Y LA PROFUNDIDAD DE LAS EXPERIENCIAS PERSONALES SE EXPANDEN DE MANERAS NUEVAS.

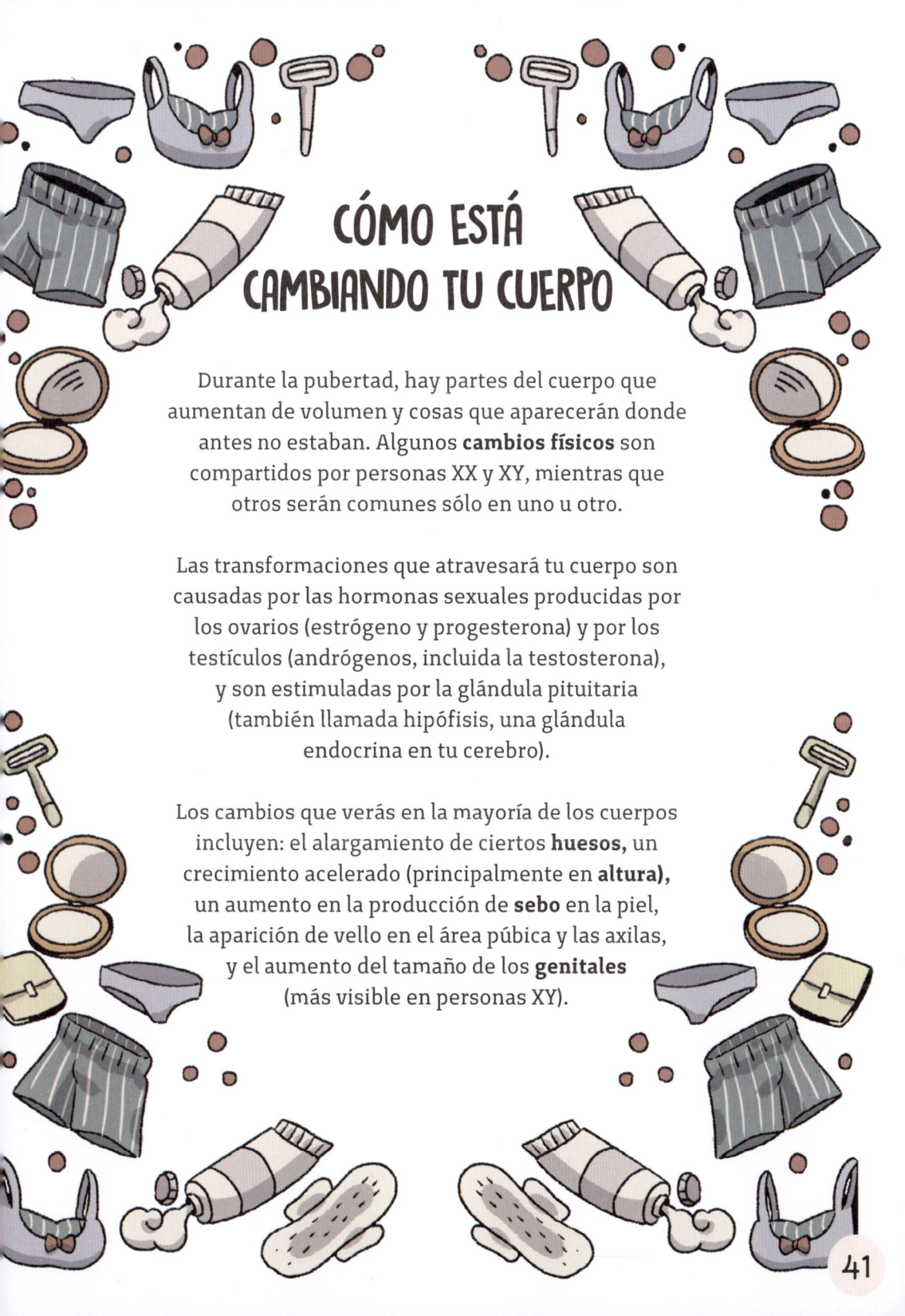

CÓMO ESTÁ CAMBIANDO TU CUERPO

Durante la pubertad, hay partes del cuerpo que aumentan de volumen y cosas que aparecerán donde antes no estaban. Algunos **cambios físicos** son compartidos por personas XX y XY, mientras que otros serán comunes sólo en uno u otro.

Las transformaciones que atravesará tu cuerpo son causadas por las hormonas sexuales producidas por los ovarios (estrógeno y progesterona) y por los testículos (andrógenos, incluida la testosterona), y son estimuladas por la glándula pituitaria (también llamada hipófisis, una glándula endocrina en tu cerebro).

Los cambios que verás en la mayoría de los cuerpos incluyen: el alargamiento de ciertos **huesos,** un crecimiento acelerado (principalmente en **altura),** un aumento en la producción de **sebo** en la piel, la aparición de vello en el área púbica y las axilas, y el aumento del tamaño de los **genitales** (más visible en personas XY).

MAMÁ DICE QUE AHORA QUE ME BAJÓ LA **REGLA**, SOY UNA MUJER JOVEN.

PRIMERO DE TODO, EL TÉRMINO CIENTÍFICO ES **MENSTRUACIÓN**, Y PODRÍA HABER VIVIDO SIN ELLA.

¡¿QUÉ?? ¿ASÍ QUE **SOY** LA ÚNICA QUE NO HA EMPEZADO A MENSTRUAR?

✳CAMBIOS EN LA PIEL

A través de glándulas que puedes imaginar como frascos que se abren en la superficie de la epidermis, llamados «poros», nuestra piel ha estado produciendo sebo desde que nacimos. Esta secreción aceitosa, que es indispensable para mantener la elasticidad y suavidad de la piel y protegerla, sale de los poros y luego se distribuye de manera uniforme a través de la superficie de la piel.

Durante la pubertad, la **testosterona** (que es producida en mayores cantidades por los testículos, pero también en dosis suficientes por los ovarios) le dice a las glándulas que aumenten la producción, lo que puede causar cierto desequilibrio.

LA RAZÓN POR LA CUAL PUEDES SENTIR QUE TU PIEL ESTÁ «MÁS GRASA» EN ALGUNAS ZONAS DE LA CARA, COMO LA NARIZ, EL MENTÓN Y LA FRENTE, Y POR LA QUE PUEDES VER GRANOS MOLESTOS EN DIFERENTES CANTIDADES, INCLUSO EN OTRAS PARTES DEL CUERPO, SE DEBE A QUE ALGUNOS POROS PRODUCEN TANTO SEBO QUE SE BLOQUEAN E INFLAMAN. O EL SEBO NO PUEDE DISTRIBUIRSE UNIFORMEMENTE Y SE ACUMULA EN EXCESO.

¿SABÍAS QUE...?

Cuando pasas por la pubertad, se vuelve cada vez más importante lavarte adecuadamente. Asegúrate de hablar con un adulto de confianza sobre esto.

A VECES, LOS DESEQUILIBRIOS DE LA PIEL PUEDEN CAUSAR SÍNTOMAS O MANCHAS MUY IRRITANTES Y DESAGRADABLES, Y ES POSIBLE QUE TENGAS QUE CONSULTAR A UN MÉDICO ESPECIALIZADO EN DERMATOLOGÍA.

MANTÉN TU PIEL LIMPIA, LO QUE SIGNIFICA LAVARLA, PERO TAMBIÉN HIDRATARLA ADECUADAMENTE.

Cuando teníamos tu edad, casi nunca se hablaba de este tema y sólo había algunos productos famosos que eran muy agresivos y, a menudo, empeoraban las cosas.

Hoy es lo contrario: hay todo tipo de anuncios y productos, **quizás demasiados,** considerando que muchos productos son idénticos en su fórmula y la única diferencia es la marca.

CON LA AYUDA DE UN ADULTO, PRUEBA ALGUNOS (LOS SUAVES) PARA VER CUÁL FUNCIONA MEJOR PARA TI.

*¡OLORES INTENSOS!

Es posible que notes que sudas más que antes, especialmente en las axilas, pero también en la región púbica y en las plantas de los pies. También podrías notar que este sudor **huele mal:** una vez más, esto se debe a un aumento de la **testosterona,** que hace que las glándulas que producen un nuevo tipo de sudor maduren.

¿SABÍAS QUE...?

El olor corporal fuerte es producido por bacterias que normalmente viven en nuestra piel. Con la nueva mezcla de **sudor y sebo** que trae la pubertad, ¡se vuelven locas con este nuevo banquete! Comen, crecen, se multiplican y luego...

¡SE TIRAN MUCHOS PEDOS!
Y DE AHÍ VIENE ESE OLOR.

UNA VEZ MÁS, LA HIGIENE PERSONAL ES ESENCIAL: ASEGÚRATE DE LAVAR CUIDADOSAMENTE LAS ÁREAS DONDE EL OLOR CORPORAL ES MÁS INTENSO (AXILAS, PIES, INGLES, ETC.) TODOS LOS DÍAS. PARA REDUCIR EL OLOR CORPORAL, PODRÍA SER ÚTIL EMPEZAR A USAR DESODORANTE: HAY MILES DE TIPOS, FRAGANCIAS E INGREDIENTES ACTIVOS, DESDE LOCIONES HASTA ESPRÁIS, BÁRRAS Y *ROLL-ONS*.

UNA VEZ MÁS, LO MEJOR QUE PUEDES HACER ES HABLAR CON ALGUIEN DE CONFIANZA PARA APRENDER SOBRE LAS DIFERENTES OPCIONES Y AYUDARTE A ENCONTRAR EL DESODORANTE QUE MÁS TE GUSTE.

✳VELLO

El vello es otro elemento que cambia cuando la **testosterona** se activa. Toda nuestra piel está cubierta por una fina capa de vello suave que ha estado ahí desde que estábamos en el útero.

A lo largo de las diferentes etapas de la vida, el vello corporal cambia un poco, aunque esencialmente siempre está presente, es fino y no muy visible, a diferencia del cabello en tu cabeza, cejas y pestañas, que son más gruesos desde el nacimiento.

SEGÚN LA GENÉTICA INDIVIDUAL, PUEDEN APARECER VELLOS MÁS GRUESOS EN EL PECHO Y EN EL ROSTRO COMO BARBA Y BIGOTE EN LOS CUERPOS XY, Y UNA ESPECIE DE PELUSA PUEDE APARECER EN EL LABIO SUPERIOR EN LOS CUERPOS XX. ADEMÁS, TANTO PARA LAS PERSONAS XX COMO XY, EL VELLO PUEDE APARECER ALREDEDOR DE LOS PEZONES, EN EL ESTÓMAGO O LA ESPALDA, E INCLUSO EN LAS OREJAS. TAMBIÉN AUMENTA EN LAS PIERNAS Y LOS BRAZOS.

¿AHORA QUÉ?

CON LA PUBERTAD APARECE VELLO DONDE ANTES NO HABÍA, ESPECIALMENTE EN EL ÁREA PÚBICA Y LAS AXILAS, Y CRECE MÁS VELLO EN LOS LUGARES DONDE YA HABÍA.

✳¿Y SI NO LO QUIERO?

Algunas personas mantienen su vello corporal, algunas lo eliminan temporalmente y luego cambian de opinión, otras eliminan el vello de ciertos lugares y no de otros...

Todas son decisiones que puedes tomar. Pero sin importar lo que decidas para tu cuerpo, debe ser algo que hagas sólo por ti, porque tú lo deseas.

CUANDO EL VELLO CORPORAL TE HACE SENTIR MAL O TE CAUSA PROBLEMAS, PODRÍA SER ÚTIL CONSULTAR A UN MÉDICO ESPECIALIZADO EN ENDOCRINOLOGÍA, QUE ES EL ESTUDIO DE LAS GLÁNDULAS Y LA PRODUCCIÓN DE HORMONAS.

✳INCLUSO LAS VOCES CAMBIAN

Durante la pubertad, el **cartílago** crece y cambia. Estos tejidos duros pero elásticos cubren los extremos de los huesos en nuestras articulaciones para que puedan moverse, y dan forma a algunas partes del cuerpo, como las **orejas** (toca la parte superior de tu oreja, ¡eso es cartílago!) o la **laringe,** que es el área de la tráquea que protege las cuerdas vocales.

Durante la pubertad, la **voz** de todos cambia, volviéndose más grave. Esto sucede porque la **laringe** se hace más gruesa (en los **cuerpos XY** este aumento es mayor y se desarrolla una protuberancia en la garganta, llamada la **manzana de Adán)** y porque las cuerdas vocales se alargan y se vuelven más robustas. Al igual que los instrumentos musicales, las cuerdas más largas producen tonos más bajos y profundos, por eso cambia nuestra voz. En los **cuerpos XY,** el cambio es más rápido, ya que también es causado por la testosterona, que circula en mayores cantidades, y las personas jóvenes XY pueden experimentar variaciones inesperadas de tonos más altos o bajos, ya que la musculatura aún se está acostumbrando a gestionar las nuevas dimensiones.

ESTOS ALTIBAJOS DEBERÍAN ESTABILIZARSE EN UN AÑO APROXIMADAMENTE. EN LOS CUERPOS XX, POR OTRO LADO, EL ALARGAMIENTO Y ENGROSAMIENTO DE LAS CUERDAS VOCALES SUCEDE GRADUALMENTE Y PROBABLEMENTE NI SIQUIERA NOTARÁS EL CAMBIO DE TONO QUE ESTÁ OCURRIENDO.

✳¿CÓMO TE VES?

A medida que tus huesos crecen, tu **cara** también cambiará, al igual que el resto de tu cuerpo. Lo primero en crecer será tu **nariz,** lo que podría hacerte sentir incómodo al principio, porque el resto de tu cara no se desarrolla al mismo ritmo.

LOS RASGOS DE TU CARA COMENZARÁN A PARECER MÁS ADULTOS POCO A POCO.

✳ALTURA

A través del crecimiento y engrosamiento de las **placas epifisarias,** que son un tipo de cartílago que se encuentra en la infancia en los extremos de los huesos largos del cuerpo, tus huesos se extenderán, determinando tu estatura.

Junto con tu **esqueleto,** tus **músculos** también crecerán, volviéndose más fuertes y **grandes.**

Este cambio podría ser responsable de la torpeza que experimentas al moverte: podrías chocar con esquinas, bordes, puertas o paredes más a menudo al caminar, como si fuera más difícil calcular el espacio que ocupa tu cuerpo. Y, en esencia, eso es exactamente lo que está sucediendo: el cerebro y tu **coordinación** tienen que adaptarse al estirón que ha cambiado la forma en que ocupas el espacio.

DURANTE LA PUBERTAD, TODO EL ESQUELETO EXPERIMENTA UN CRECIMIENTO ACELERADO QUE PUEDE AUMENTAR TU ALTURA EN 10 CM (4 PULGADAS) EN UN AÑO. PERO UNA VEZ MÁS, LA VELOCIDAD Y EL GRADO DE CRECIMIENTO DEPENDEN PRINCIPALMENTE DE LA GENÉTICA.

*¿QUÉ MÁS PASARÁ?

En este momento, también notarás que tienes más hambre que nunca y podrías relacionar cualquier aumento de peso con eso. Tus huesos están creciendo y pesan más, al igual que tus músculos.

Las personas con cuerpos XX podrían notar un aumento de grasa corporal en las caderas, los muslos y los senos. Todos estos aspectos están relacionados con el estirón de crecimiento y te hacen saber que todo está avanzando adecuadamente (y eso es todo).

En los **cuerpos XY,** podrías notar que los hombros y el torso se ensanchan, un aumento de la masa muscular y la aparición de vello en el pecho y el rostro.

En los **cuerpos XX,** gracias a los **estrógenos** (hormonas femeninas), podrías notar el desarrollo de los senos, un ensanchamiento de los huesos de la cadera y un aumento de grasa corporal, especialmente en las caderas, las nalgas y los muslos.

*CUIDAR DE TU CUERPO

Precisamente porque tu cuerpo está pasando por numerosos cambios debido a las hormonas y porque estás creciendo y volviéndote independiente, necesitas comenzar a cuidar tu cuerpo, lo que también significa una higiene adecuada para tus partes íntimas.

RECUERDA SIEMPRE QUE CUANTO MÁS SEPAS DE TI MISMO, MENOS TE ASUSTARÁ ESTA TRANSFORMACIÓN.

Si tienes **pene** y **no estás circuncidado,** asegúrate de retraer el **prepucio** y lavar el **esmegma** (la sustancia blanquecina que ayuda al prepucio a deslizarse sobre el glande) de la cabeza de tu **pene.** Asegúrate de lavarte **escroto** y el **vello púbico.**

Si tienes **vulva,** lava entre los pliegues de los labios, el **vello púbico** y el **clítoris.** Recuerda lavarte bien la vulva durante la menstruación.

LAVARSE BIEN NO SIGNIFICA LAVARSE EN EXCESO: LO MEJOR ES LIMITAR EL USO DE JABÓN A SÓLO UNA O DOS VECES AL DÍA. ASEGÚRATE DE QUE EL JABÓN QUE USES SEA DELICADO.

MÁS CAMBIOS,

Y ESTA VEZ,
¡NO TIENE QUE VER CON EL GÉNERO!

✳ SENOS

El desarrollo de los **senos** en los **cuerpos XX** indica la llegada de la pubertad. Su crecimiento no sucede de una sola vez, sino en etapas: los senos adquieren una forma más llena y redonda sólo después de unos años. Tal vez no siempre notes estas pequeñas transformaciones, pero es posible que sientas más sensibilidad o incluso dolor en esa área, o que haya un «brote mamario», que es cuando, activada por las hormonas, la glándula mamaria aún inmadura se endurece, se percibe al tacto, y es muy muy delicada (esto también puede suceder en personas con **cuerpos XY).**

*¿Y AHORA QUÉ?

Es posible que notes que los senos no siempre crecen al mismo ritmo ni de la misma manera, y podrías notar una **ligera asimetría** en su forma y tamaño.

Ya sea por la mayor sensibilidad o el cambio constante de forma y tamaño, puede ser el momento de buscar tu primer sostén. Hay muchos tipos, materiales, formas y texturas, pero te sugerimos que empieces buscando algo simple y cómodo.

CUANDO NOTES QUE EL ÁREA DEBAJO DEL PEZÓN ESTÁ HINCHADA Y QUE LA AREOLA COMIENZA A ENSANCHARSE, SABRÁS QUE TENDRÁS TU PRIMER CICLO MENSTRUAL (MENARQUIA) DENTRO DE DOS AÑOS.

PUEDES PEDIR CONSEJO A UN ADULTO QUE TE HAGA SENTIR CÓMODA MIENTRAS EXPLORAS Y QUE TE AYUDE A ENCONTRAR LA TALLA ADECUADA: LOS SOSTENES TIENEN VARIAS MEDIDAS, COMO LA CIRCUNFERENCIA DEL PECHO Y EL ANCHO Y LA PROFUNDIDAD DE LA COPA, QUE VARÍAN EN CADA CUERPO.

EL MAYOR CAMBIO QUE EXPERIMENTARÁS DURANTE LA PUBERTAD TIENE QUE VER CON TUS GENITALES.

UNA PEQUEÑA NOTA ANTES DE COMENZAR A APRENDER SOBRE ESTA ETAPA DEL DESARROLLO: CREEMOS QUE TODOS DEBERÍAN APRENDER TODO.

ES IMPORTANTE QUE SEPAS LO QUE ESTÁ SUCEDIENDO EN CUERPOS QUE SON BIOLÓGICAMENTE DIFERENTES AL TUYO, PARA QUE PUEDAS ENTENDER LO QUE ESTÁ SUCEDIENDO Y LO QUE ESTÁN PASANDO.

✳MENARQUIA

Para los **cuerpos XX,** la menarquia es la aparición de la **primera menstruación,** que generalmente ocurre entre los **9 y 15 años.**

CUANDO HABLAMOS DEL CICLO MENSTRUAL, NOS REFERIMOS AL PERÍODO DE TIEMPO DESDE EL PRIMER DÍA DE MENSTRUACIÓN HASTA EL INICIO DEL SIGUIENTE. GENERALMENTE DURA ALREDEDOR DE 28 DÍAS, AUNQUE PUEDE LLEVAR ALGUNOS AÑOS QUE SE VUELVA REGULAR Y PREDECIBLE.

En este tiempo, se alternan cuatro fases (cíclicamente): la fase **folicular,** antes de la liberación de un óvulo maduro por uno de los ovarios, la fase **ovulatoria,** en la que se libera, la fase **lútea,** después de la liberación del óvulo, seguida de la **menstruación** en sí, es decir, el sangrado.

Para ese óvulo, el útero prepara una especie de tejido especial que puede albergar un posible embarazo.

¿SABÍAS QUE...?

La **menstruación** no es más que la combinación del revestimiento uterino y sangre que sale de tu vagina durante aproximadamente cuatro o cinco días y se repite alrededor de una vez al mes. Esto sucede porque el **óvulo maduro** no ha sido fecundado y, por lo tanto, el útero se contrae para expulsar el **endometrio** (pared interna del útero), ya que ya no es útil para el embarazo.

EL CICLO MENSTRUAL

Aquí tienes un cuadro que resume las fases de tu ciclo y que también puedes utilizar como calendario para calcular los días que faltan para que empiece el siguiente.

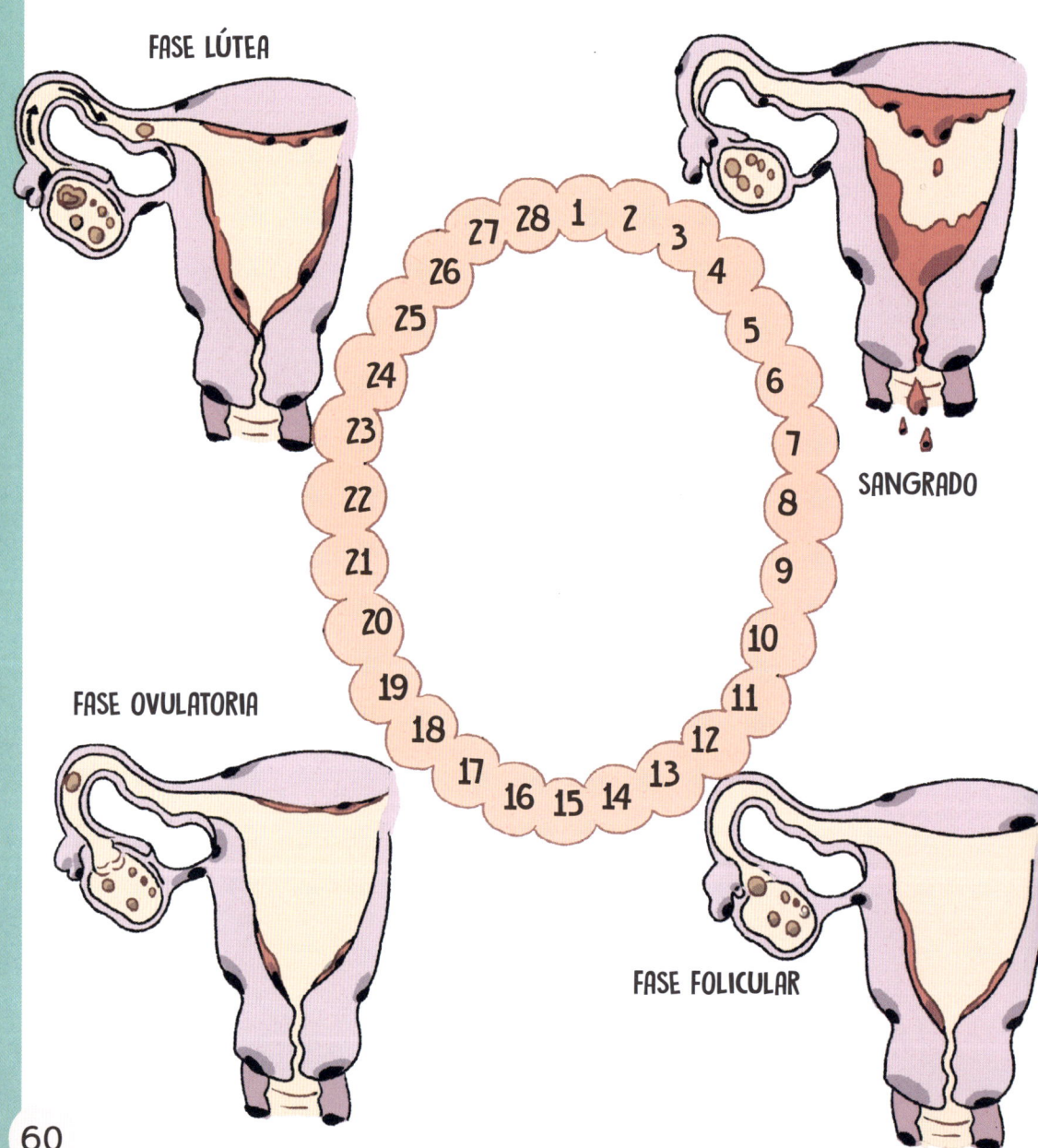

FASE LÚTEA

SANGRADO

FASE OVULATORIA

FASE FOLICULAR

27 28 1 2 3 4 5 6 7 8 9 10 11 12 13 14 15 16 17 18 19 20 21 22 23 24 25 26

LOS CAMBIOS MENCIONADOS OCURREN COMO PREPARACIÓN PARA EL INICIO DE LA VIDA FÉRTIL, QUE INVOLUCRA EL CICLO MENSTRUAL Y EL DESARROLLO DE ÓVULOS, EN PREVISIÓN DE UNA POSIBLE GESTACIÓN Y, POR LO TANTO, PARTO Y LACTANCIA.

AUNQUE TODAVÍA HAY MUCHO TIEMPO PARA PENSAR SI QUIERES, CUÁNDO Y CÓMO DESEAS O NO CONVERTIRTE EN PADRE O MADRE, EL CUERPO SE PREPARA PARA ESA POSIBILIDAD.

Es posible que escuches que la menstruación es algo molesto y negativo, algo que te impide hacer las cosas que quieres hacer, como practicar deportes, ir a la playa y usar la ropa que te gusta. Pero en realidad, la menstruación es simplemente parte de cómo **funciona tu cuerpo,** diciéndote que estás creciendo y que eres fértil, si en algún momento deseas concebir.

NO ES ALGO DE LO QUE DEBAS AVERGONZARTE, NI ES ALGO QUE DEBAS OCULTAR O NO HABLAR DE ELLO.

Es importante que sepas que la menstruación no debería ser tan dolorosa como para impedirte realizar tus actividades diarias o forzarte a tomar grandes cantidades de analgésicos. Si es así, necesitarás una **revisión médica** para ver qué está causando ese dolor. Las profesiones que se especializan en esto son la **obstetricia** y la **ginecología**.

EL DOLOR ES UNA SEÑAL QUE SIEMPRE DEBE SER INVESTIGADA: ¡NUNCA ES NORMAL TENER QUE SOPORTARLO!

Durante tu **ciclo menstrual,** debido al efecto de las **hormonas,** es posible que encuentres algunas secreciones en el interior de tus bragas. Pero no te preocupes, es sólo un poco de **moco** que indica la salud de tu vagina. Mientras no haya cambios en el color/consistencia/olor de estas secreciones, no hay necesidad de investigar más.

TAMBIÉN PUEDES NOTAR SECRECIONES (LUBRICACIÓN) QUE APARECEN DURANTE CIERTAS SITUACIONES, COMO RESPUESTA A PENSAMIENTOS AGRADABLES Y ESTÍMULOS SENSORIALES.

Hay muchos dispositivos que te ayudan a manejar tu menstruación. Es posible que ya hayas visto algunos de ellos en un cajón del baño: **compresas,** que también se llaman protectores, **tampones, copas y ropa interior menstrual.**

TODOS SON BUENOS Y FUNCIONALES, POR LO QUE LA ELECCIÓN DEPENDE DE TI. ¡ELIGE EL QUE TE HAGA SENTIR MÁS CÓMODA!

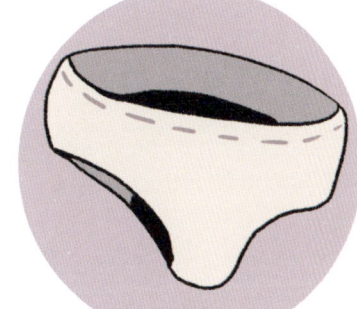

¿SABÍAS QUE...?

... escucharás los términos «**período**» y «**ciclo menstrual**», pero no son lo mismo. Sin embargo, están conectados: el **ciclo menstrual** comienza el primer día de la menstruación y termina el día anterior de la siguiente. El **flujo menstrual,** período, menstruación o regla, por otro lado, indican los días en los que ocurre el sangrado mensual de los genitales femeninos.

*ESPERMARQUIA

La **espermarquia** es, para los **cuerpos XY**, la **primera eyaculación,** es decir, la liberación de semen del pene. Por lo general, ocurre alrededor de los **13-14 años.**

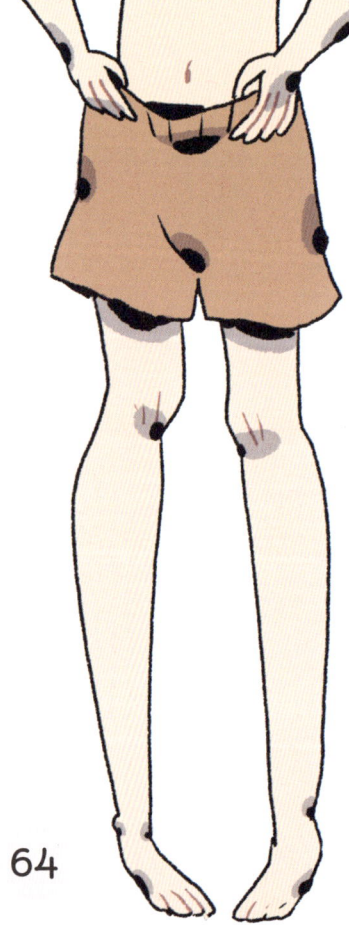

El **semen** (también conocido como fluido seminal) es el líquido que contiene **espermatozoides** (esperma). Es producido por las **vesículas seminales,** la próstata y las **glándulas bulbouretrales**.

La primera eyaculación puede ocurrir mediante estimulación genital o por **emisión nocturna** (durante el sueño). Si sucede mientras estás dormido, podrías despertarte y sentir algo húmedo en tu ropa interior o pijama, o encontrar una mancha en tu cama. ¡No te asustes, puedes lavarlo todo en la lavadora! (¡Y aumentar tu independencia!).

PUEDE QUE HAYAS NOTADO QUE TU PENE SE INFLAMA Y SE ENDURECE MUCHO MÁS FRECUENTEMENTE: ¡LAS ERECCIONES SON OTRO EFECTO DE LA TESTOSTERONA! ESTO PUEDE SUCEDER PORQUE ESTÁ ESTIMULADO (VOLUNTARIA O ACCIDENTALMENTE) O PORQUE SIENTES ATRACCIÓN HACIA UNA PERSONA, PERO TAMBIÉN PUEDE OCURRIR SIN MOTIVO APARENTE (ÉSTAS SE LLAMAN ERECCIONES ESPONTÁNEAS).

¿SABÍAS QUE...?

... la pubertad es un buen momento para conocer y programar algunas citas con **profesionales de la salud** que te acompañarán en el futuro, especialmente aquellos que tratan con los **genitales** y **órganos reproductivos,** es decir, personas que se especializan en **obstetricia** y **ginecología** (para los **cuerpos XX), andrología** (para los **cuerpos XY)** y **urología** para todos los cuerpos.

Así como la persona que se especializa en pediatría controla tu salud general y tu crecimiento, o un oftalmólogo revisa tu vista, o un dentista monitorea la salud de tus dientes, estos profesionales son expertos en el **desarrollo de tus genitales** y de tu **sistema reproductivo interno.**

Estos profesionales pueden responder tus **preguntas** y aclarar cualquier cosa que no te quede clara o que te cause curiosidad.

EL ESPERMA SON LAS CÉLULAS FERTILIZANTES PRODUCIDAS POR LOS TESTÍCULOS. LOS OVOCITOS (O CÉLULAS HUEVO) SON LAS CÉLULAS FÉRTILES PRODUCIDAS POR LOS OVARIOS.

LA PRODUCCIÓN DE CÉLULAS SEXUALES ACOMPAÑARÁ A LOS CUERPOS XY DURANTE TODA LA VIDA, MIENTRAS QUE LOS CUERPOS XX LAS PRODUCIRÁN HASTA LA MENOPAUSIA (LA CONCLUSIÓN DE LA EDAD FÉRTIL), LO QUE CAUSARÁ EL CESE DEL CICLO MENSTRUAL, ALREDEDOR DE LOS 50 AÑOS.

¿QUÉ PASA CON EL MUNDO EXTERIOR?

Puede que hayas visto anuncios, en una revista o en una red social/plataforma de redes sociales, que muestran un **tipo de cuerpo que parece muy diferente al tuyo**... Más glamuroso, en mejor forma, más bello, casi «perfecto». Esto podría hacerte sentir **triste** e incómodo con tu cuerpo, como si no fuera suficiente (o como si simplemente no fueras suficiente).

EN LA SOCIEDAD MODERNA, EL ESTÁNDAR DE BELLEZA DOMINANTE DICTA QUE LOS CUERPOS DELGADOS, ALTOS, MUSCULOSOS O CON CURVAS SON «IDEALES». PERO EL TÉRMINO «ESTÁNDAR» EN SÍ INDICA EL CUMPLIMIENTO DE UN CONJUNTO DADO DE REGLAS O CONDICIONES. TU CUERPO, POR OTRO LADO, NO TIENE QUE SEGUIR NINGUNA REGLA PARA SER ATRACTIVO, HERMOSO, SALUDABLE, ADECUADO O ACEPTADO. SIMPLEMENTE ES TUYO.

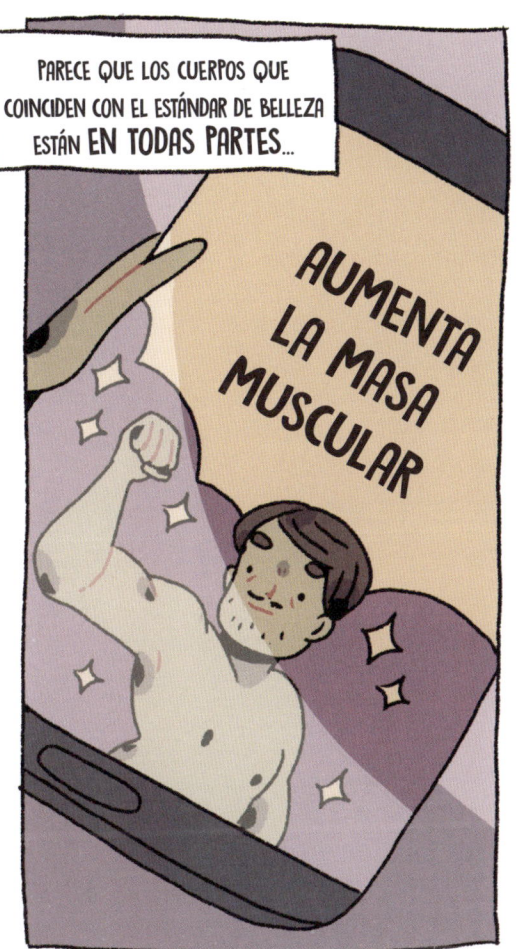

PARECE QUE LOS CUERPOS QUE COINCIDEN CON EL ESTÁNDAR DE BELLEZA ESTÁN **EN TODAS PARTES...**

AUMENTA LA MASA MUSCULAR

¡¡¡MEJORA TU FIGURA!!!

...¿PERO **QUÉ ES** «ESTÁNDAR», DE TODOS MODOS?

AMA TU CUERPO

✳¿QUÉ HAY DETRÁS DE ESA APARENTE PERFECCIÓN?

Horas y horas de peluquería y maquillaje para cada vídeo o imagen, edición posproducción e incluso filtros. Más importante aún, hay personas que podrían tener un cuerpo diferente al tuyo debido a la genética, su edad o por el tipo de ejercicio o deporte que practican.

PERO PIENSA QUE INCLUSO LAS PERSONAS QUE VES COMO «PERFECTAS» A MENUDO SE SIENTEN IMPERFECTAS CUANDO SE MIRAN EN EL ESPEJO; SÓLO QUE NO LO SABES.

✳¡LE PASA A TODO EL MUNDO!

ASÍ ES: NO GUSTARSE A UNO MISMO PUEDE SUCEDERLE A CUALQUIE-RA, O NO GUSTAR UNA PARTE DEL CUERPO Y QUERER HACER CAMBIOS.

En nuestra sociedad, aún hay mucho juicio sobre la **apariencia de los cuerpos**. Es un problema cultural que afecta a todos. Por eso, es importante recordar que cada cuerpo es único y no debe aspirar a parecerse a otros, mucho menos a cuerpos que realmente no existen (como los creados, editados y retocados con *software* especial).

RECUERDA: EL CUERPO QUE A VECES CRITICAS DURAMENTE ES EL MISMO QUE TE PERMITE HACER LAS COSAS QUE QUIERES HACER.

Si bien puede ser difícil sentirse incómodo con el propio cuerpo, es realmente desagradable estar **sujeto a comentarios** que son completamente arbitrarios: son opiniones personales que no necesitas.

POR ESTO, DEBES EVITAR SIEMPRE HACER COMENTARIOS SOBRE LOS CUERPOS DE OTRAS PERSONAS.

Ser **juzgado** por tu cuerpo duele: un ojo crítico observa, escudriña y busca algo mal, pero su juicio no dice nada sobre esa persona, quién es o lo que quiere. En cambio, dice mucho sobre la persona que no puede resistir compartir su opinión (una opinión de la que el mundo puede prescindir muy bien).

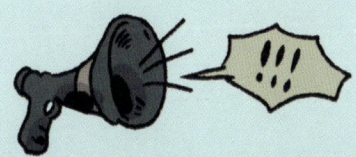

¿SABÍAS QUE...?

... ¿cada plataforma de redes sociales requiere una edad mínima para iniciar sesión y que debes tener el consentimiento de los padres, es decir, un padre o tutor debe estar informado, y debes compartir lo que experimentas y ves en línea, en caso de que tengas 13 años o menos? Sabemos que esto no siempre es así, pero tomémonos un momento para reflexionar sobre esta edad mínima. Podríamos comparar Internet con un océano en el que saber nadar no es suficiente para orientarte y averiguar en qué dirección vas, o saber qué criaturas están más cerca de lo que piensas, por lo que ir allí sólo y sin ningún equipo de seguridad puede convertirlo en una experiencia peligrosa o al menos muy difícil.

SI ALGO O ALGUIEN QUE CONOCISTE EN LÍNEA TE INQUIETA O PREOCUPA, HABLA CON UN ADULTO DE CONFIANZA.

POR SUPUESTO, INTERNET ES UN MUNDO FASCINANTE, DENTRO DEL CUAL PUEDES ENCONTRAR TODA LA INFORMACIÓN, ENTRETENIMIENTO, *HOBBIES* Y DISTRACCIONES QUE QUIERAS. PERO, COMO EL OCÉANO, TIENES QUE SABER CÓMO NAVEGARLO Y USARLO DE LA MANERA CORRECTA. POR ESO, COMPARTIR TUS «RUTAS DE NAVEGACIÓN» CON ADULTOS MARCA LA DIFERENCIA.

HASTA QUE TE CONVIERTAS EN ADULTO,
DEBERÍA SER NORMAL COMPARTIR TUS
ACTIVIDADES EN LÍNEA CON LOS ADULTOS
QUE TE RODEAN.

ESTO NO SIGNIFICA QUE DEBAN
MONITOREARTE CONSTANTEMENTE
O ESPIARTE, SINO QUE, JUNTOS, PODÉIS
DISCUTIR CÓMO USAS LOS DISPOSITIVOS
ELECTRÓNICOS, OBTENER RESPUESTAS
A TUS PREGUNTAS O ANALIZAR EL
CONTENIDO QUE CONSUMES O QUE
TE PUEDA SER PRESENTADO, E INCLUSO
COMENZAR UNA DISCUSIÓN SOBRE TEMAS
IMPORTANTES.

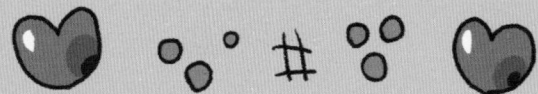

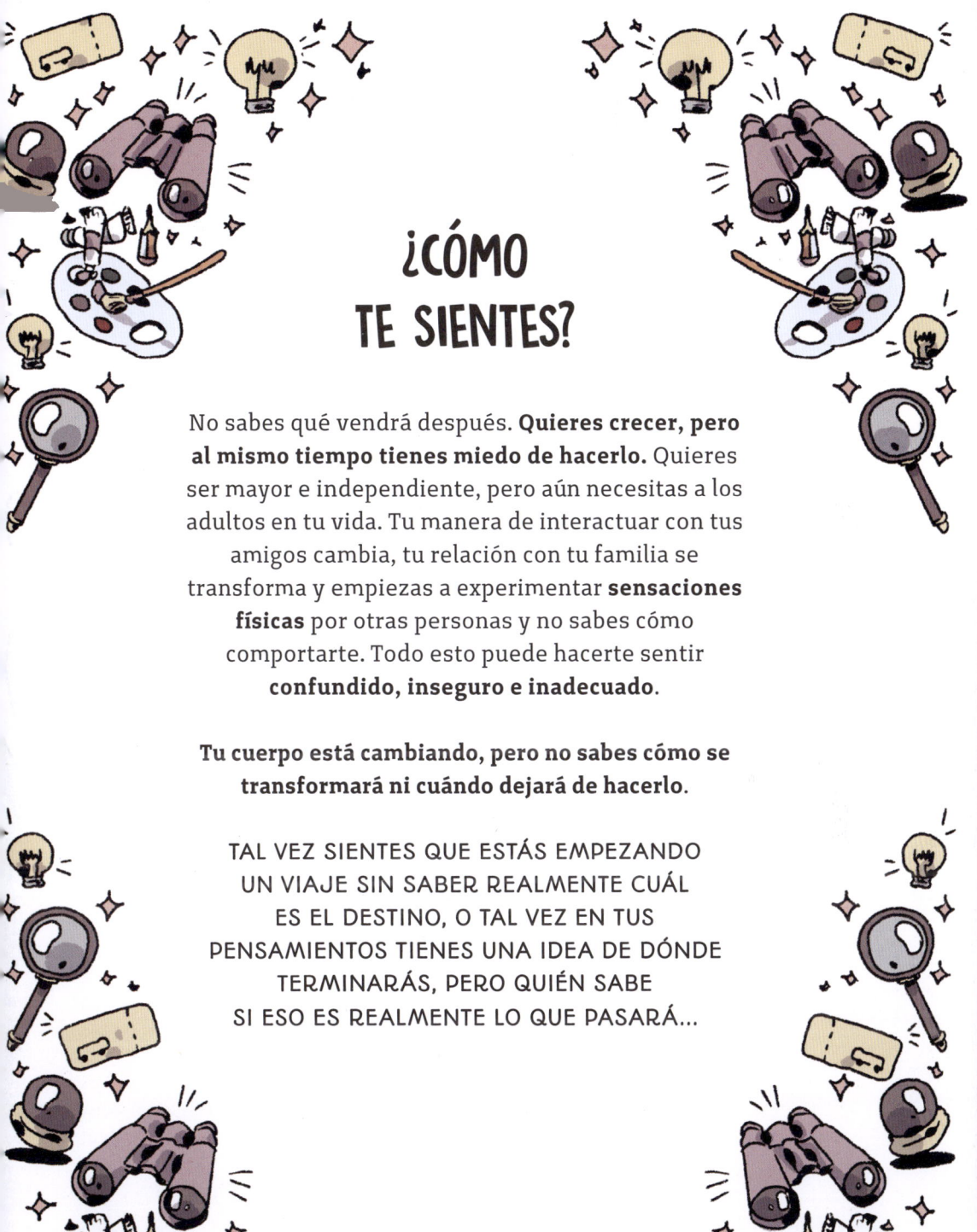

¿CÓMO TE SIENTES?

No sabes qué vendrá después. **Quieres crecer, pero al mismo tiempo tienes miedo de hacerlo.** Quieres ser mayor e independiente, pero aún necesitas a los adultos en tu vida. Tu manera de interactuar con tus amigos cambia, tu relación con tu familia se transforma y empiezas a experimentar **sensaciones físicas** por otras personas y no sabes cómo comportarte. Todo esto puede hacerte sentir **confundido, inseguro e inadecuado.**

Tu cuerpo está cambiando, pero no sabes cómo se transformará ni cuándo dejará de hacerlo.

TAL VEZ SIENTES QUE ESTÁS EMPEZANDO UN VIAJE SIN SABER REALMENTE CUÁL ES EL DESTINO, O TAL VEZ EN TUS PENSAMIENTOS TIENES UNA IDEA DE DÓNDE TERMINARÁS, PERO QUIÉN SABE SI ESO ES REALMENTE LO QUE PASARÁ...

*¡CAMBIOS A LA VISTA!

SABES LO QUE ERES HOY, PERO NO LO QUE LLEGARÁS A SER.

Tal vez tus familiares han estado diciendo cosas extrañas últimamente. Como que ahora que estás creciendo, comenzarás a pensar de manera diferente, que eres muy diferente a antes. Tal vez has escuchado a los adultos hablar entre sí y decir que ya ven «algo».

PERO ¿QUÉ EXACTAMENTE? ¿DE QUÉ ESTÁN HABLANDO? QUÉ MOLESTO.

También puede preocuparte cuando te comparan con personas de tu edad, que tal vez se estén desarrollando de manera diferente a ti. Quizás algunos de ellos empezaron el nuevo año con pechos, o con granos que no tenían antes, o tal vez algunos crecieron 10 cm o aumentaron 10 kg desde el último día de clases. Pero como ya te dijimos: cada cuerpo sigue su propio ritmo y es único.

¿QUÉ ESTÁ PASANDO?

AÚN NO TIENES BARBA, ¿EH?

¡QUÉ ALTO ESTÁS!

¡TIENES QUE CUIDARTE DE LOS CHICOS!

¡AHORA SÍ QUE ERES UNA JOVENCITA!

CUANTO MÁS SEPAS DE TI MISMO, MENOS TE ASUSTARÁ ESTA TRANSFORMACIÓN.

¡MIRA QUÉ GRANDE ESTÁS!

¿QUÉ, TODAVÍA NO TIENES NOVIA?

¿ERES TÚ DE VERDAD?

CASI NO TE RECONOCÍ.

NUEVOS SENTIMIENTOS Y NUEVAS SENSACIONES

Durante la pubertad, las relaciones entre compañeros se vuelven cada vez más importantes. Las amistades se convierten en un espacio de intercambio, retroalimentación y apoyo, y tus sentimientos dentro de estos lazos serán realmente intensos. Podrías sorprenderte de los sentimientos tan intensos que surgen cuando piensas en la persona que te gusta.

¡PUEDEN SUCEDER TANTAS COSAS DIFERENTES! LAS POSIBILIDADES SON INFINITAS: PUEDE QUE TE GUSTEN VARIAS PERSONAS, PUEDE QUE TE GUSTE ALGUIEN HOY PERO YA NO MAÑANA, LA OTRA PERSONA PUEDE NO SENTIR LO MISMO...

No tengas miedo: observa, confía en ti mismo y ten siempre en cuenta el valor del **consentimiento dentro de las relaciones con los demás.**

¡NO SIGNIFICA NO!

¡SÍ SIGNIFICA SÍ!

¡SUPONGO SIGNIFICA NO!

¿NO ES GENIAL CUANDO DOS PERSONAS SE GUSTAN? HACER ALGO PORQUE ES AGRADABLE PARA TODOS ES MUCHO MÁS BONITO QUE HACERLO PORQUE CREES QUE TIENES QUE HACERLO O PORQUE TE SIENTES CULPABLE SI NO LO HACES. PUEDE QUE TE APETEZCA HACER ALGO UNA VEZ, CUANDO ESTÁS ALLÍ, JUNTOS.
PERO LUEGO, EN OTRO MOMENTO, ¿QUIÉN SABE?

✴CONSENTIMIENTO

Recuerda que está perfectamente bien cambiar de opinión: puedes sentirte atraído por una persona en un momento dado, sólo para luego darte cuenta de que tus sentimientos han cambiado. Podrías soñar con hacer algo juntos, pero después de pasar tiempo con esa persona, podrías darte cuenta de que no es la adecuada para ti.

ESTO TE PUEDE PASAR A TI O A LA OTRA PERSONA: ES ALGO A TENER EN CUENTA, SIEMPRE CON RESPETO.

Podéis hablar entre vosotros para que cada uno entienda al otro, y podéis aprender, juntos, que el rechazo está bien, ya sea que lo expreses o lo recibas. Siempre está bien decir no, aunque eso pueda herir a alguien o hacerte sentir triste.

Recuerda, nunca se trata de **rechazar** a esa persona: incluso si alguien te dice que **no,** eso no significa que haya algo malo en ti. **El «no» que podrías recibir no tiene que ver contigo como persona, sino con la relación en ese momento.** De manera similar, cualquier «no» que digas es un límite personal tuyo, y puedes colocarlo donde te parezca correcto.

NO TENGAS MIEDO: OBSERVA, CONFÍA EN TI MISMO Y SIEMPRE RECUERDA EL VALOR DEL CONSENTIMIENTO DENTRO DE LAS RELACIONES.

SI ALGUIEN NO ESCUCHA CUANDO DICES «NO» Y TE OBLIGA A HACER ALGO QUE NO QUIERES, ¡NUNCA ESTÁ BIEN Y NUNCA ES TU CULPA! BUSCA AYUDA DE ALGUIEN QUE TE HAGA SENTIR SEGURO, PARA HABLAR SOBRE ELLO (SI QUIERES), Y NO LLEVAR ESA CARGA TÚ SÓLO.

COMO ESPERAMOS HABER DEJADO CLARO HASTA AHORA, LA PUBERTAD SE TRATA DE DESCUBRIMIENTO, TRANSFORMACIÓN Y CAMBIO, Y PUEDE PARECER COMO UN CAMINO LARGO Y TORTUOSO HACIA LA ADULTEZ.

PUEDE QUE SIENTAS QUE ESTÁS EN RACHA O LUCHANDO, POR ESO ES IMPORTANTE NO ENFRENTARSE A LOS ALTIBAJOS DE LA PUBERTAD SÓLO. ENCUENTRA ADULTOS EN QUIENES CONFÍES PARA QUE PUEDAS COMPARTIR LO QUE SIENTES O SIMPLEMENTE HABLAR CON ELLOS Y ESCUCHAR SU OPINIÓN.

ESPERAMOS QUE ESTE LIBRO PUEDA SER UN PUNTO DE PARTIDA PARA OBTENER EL CONOCIMIENTO NECESARIO DURANTE ESTE MOMENTO TAN IMPORTANTE Y PARA APRECIAR QUIÉN ERES Y LO QUE DESEAS.

11 COSAS QUE RECORDAR SIEMPRE

1 Conocer la anatomía de tus genitales y observarlos a diario te ayudará a monitorear cualquier cambio y notar si algo no parece estar bien. Si algo te preocupa o tienes preguntas, habla con un adulto de confianza.

2 Puede que no necesariamente sientas que tu cuerpo refleja cómo te sientes: alguien más puede haber definido tu cuerpo como masculino o femenino, pero puede que no sientas que eso te representa.

3 No todas las vulvas y penes son iguales; de hecho, tienen muchas formas y tonos, y eso está perfectamente bien.

4

Puedes escuchar los términos «período» y «ciclo menstrual», pero no son exactamente lo mismo (¡consulta el glosario!).

5

Es importante que sepas lo que está sucediendo con los cuerpos que son biológicamente diferentes al tuyo, para que puedas comprenderlos y entender lo que esa persona está experimentando.

6

Que las personas juzguen tu cuerpo puede ser doloroso, por lo que siempre es mejor evitar hacer comentarios sobre los cuerpos de los demás.

7

Hasta que te conviertas en un adulto, debería ser normal compartir lo que haces y ves en línea con los adultos que te rodean.

8 Es importante que comiences a cuidar tu cuerpo: eso también significa una higiene adecuada para tus partes íntimas. Sin embargo, recuerda que lavarse bien no significa lavarse demasiado: es mejor limitar el uso de jabón a una o dos veces al día y asegurarse de que el jabón que uses sea suave y adecuado para la parte del cuerpo a lavar (partes íntimas, axilas, etc.).

9 La pubertad es un buen momento para conocer y programar citas con profesionales de la salud que te acompañarán en el futuro, especialmente los que tratan con genitales y órganos reproductivos: es decir, personas que se especializan en obstetricia y ginecología (para cuerpos XX), andrología (para cuerpos XY) y urología para todos los cuerpos.

10 Está perfectamente bien cambiar de opinión: puedes sentirte atraído por una persona en un momento dado, sólo para darte cuenta de que ya no sientes lo mismo. El rechazo también está bien, tanto expresarlo como recibirlo.

11 Puedes sentirte atraído por más de una persona, puede gustarte alguien hoy, pero ya no mañana, y la otra persona puede que no sienta lo mismo. Observa, escúchate y siempre ten presente el valor del consentimiento en las relaciones.

¡INTENTA RECORDAR ESTOS CONSEJOS EN TU VIDA COTIDIANA Y UTILÍZALOS COMO HERRAMIENTAS EN ESTA COMPLICADA FASE DE LA VIDA!

GLOSARIO

¡AQUÍ ESTÁ LA LISTA DE TÉRMINOS USADOS EN EL LIBRO EN ORDEN ALFABÉTICO! ¡PUEDES USAR ESTE GLOSARIO PARA VERIFICAR SI TUS PARES Y LOS ADULTOS A TU ALREDEDOR SABEN LO SUFICIENTE SOBRE EL TEMA!

Abertura vaginal:
abertura del canal vaginal en cuerpos XX.

Adolescencia:
transición de la niñez a la adultez, no sólo físicamente, sino también psicológica, cognitiva y relacionalmente.

Ano:
la abertura del recto, por donde salen las heces, en todos los cuerpos.

Ciclo menstrual:
el ciclo que va desde el primer día de la menstruación hasta el comienzo del siguiente, que dura unos 28 días, en cuerpos XX.

Circuncisión:
extirpación quirúrgica de la punta del prepucio en cuerpos XY.

Clítoris:
el órgano que proporciona placer en cuerpos XX. Sólo vemos una pequeña parte (el glande y el capuchón).

Conductos deferentes:
tubos por los cuales los espermatozoides transitan hacia la uretra, pasando por la próstata, en cuerpos XY.

Cromosomas:
estructuras que se encuentran dentro del núcleo de las células y contienen los genes de una persona, en todos los cuerpos.

Cuello uterino:
la parte posterior de la vagina, con forma de cúpula, en cuerpos XX.

Epidídimo:
el tubo detrás de cada testículo por el que pasan los espermatozoides hacia el conducto deferente en cuerpos XY.

Erección:
cuando el pene se agranda y endurece en cuerpos XY.

Escroto:
el saco de piel que contiene los testículos, en cuerpos XY.

Espermarquia:
en cuerpos XY, la espermarquia es la primera eyaculación, que generalmente ocurre alrededor de los 13-14 años.

Espermatozoides (esperma):
células fértiles producidas por los testículos en cuerpos XY.

Expresión de género:
cómo uno expresa su género.

Eyaculación:
cuando el semen sale del pene en cuerpos XY.

Fimosis:
cuando el prepucio del pene está demasiado apretado y no puede deslizarse hacia abajo en cuerpos XY.

Frenillo:
la banda de tejido que conecta la base del prepucio con el glande, en cuerpos XY.

Genes:
códigos químicos que determinan cómo funcionan los cuerpos, su conformación y su apariencia.

Glande:
la «cabeza» del pene, cubierta por el prepucio (cuando no está circuncidado), en cuerpos XY.

Glándula pituitaria:
una glándula endocrina en el cerebro.

Cuerpo intersexual:
cuando una persona tiene características biológicas (relacionadas con los genitales y órganos reproductivos, internos y externos, componentes genéticos y hormonas) que generalmente están asociadas con cuerpos XX y XY.

Himen:
una pieza muy delgada y elástica de tejido mucoso en la entrada de la vagina en cuerpos XX.

Identidad de género:
cómo se percibe uno a sí mismo, cómo se identifica.

Labios mayores:
pliegues de piel que cubren las partes más internas de la vulva en cuerpos XX.

Labios menores:
pliegues finos de carne que son parte de la vulva en cuerpos XX.

Meato urinario:
el orificio por donde sale la orina (pipí) en todos los cuerpos, y también por donde sale el fluido seminal en cuerpos XY.

Menarquia:
la aparición de la primera menstruación en cuerpos XX; generalmente ocurre entre los 9 y 15 años.

Menopausia:
conclusión de la edad fértil en
cuerpos XX.

Monte de Venus:
un «almohadón» de tejido graso
sobre el pubis en cuerpos XX y XY.
En cuerpos XX es generalmente
más notorio y a veces se llama
«monte de Venus».

Orientación sexual o romántica:
quién o qué nos atrae.

Ovarios:
glándulas con forma de almendra
que secretan hormonas sexuales
femeninas y dentro de las cuales
se forman folículos (que contienen
ovocitos) en cuerpos XX.

Ovocitos (o células huevo):
células fértiles producidas por los
ovarios en cuerpos XX.

Pene:
genitales externos en cuerpos XY,
que consisten en dos partes
cavernosas y una parte esponjosa,
cubiertas de piel.

Perineo:
el área entre los genitales externos
y el ano, conectada a los músculos
pélvicos, en todos los cuerpos.

Prepucio:
una sección de piel elástica que
cubre el glande (cabeza) del pene
en cuerpos XY.

Próstata:
una glándula que ayuda a producir
semen en cuerpos XY.

Pubertad:
el período de tiempo que va desde
los 9 hasta los 15 años en el que el
cuerpo cambia.

Semen (o fluido seminal):
líquido que contiene
espermatozoides, producido por
las vesículas seminales, la próstata
y las glándulas bulbouretrales, en
cuerpos XY.

Sexo biológico:
el sexo asignado al nacer de
acuerdo con los genitales y
órganos externos e internos,
hormonas y cromosomas.

Suelo pélvico:
el conjunto de músculos y
ligamentos que cierra la parte
inferior del cuerpo y mantiene los
órganos en su lugar en todos los
cuerpos.

Tallo (del pene):
la parte más larga del pene en
cuerpos XY.

Testículos:
glándulas que secretan hormonas sexuales masculinas, utilizadas para la producción de esperma, en cuerpos XY.

Trompas de Falopio:
dos tubos que conectan los ovarios con el útero en cuerpos XX.

Uretra:
tubo que conecta la vejiga con el exterior en todos los cuerpos; en cuerpos XY también conecta con la próstata.

Útero:
el órgano muscular que conecta la vagina con las trompas de Falopio, donde crecen y se desarrollan los bebés en cuerpos XX.

Vagina:
canal muscular que conecta la vulva con el útero en cuerpos XX.

Vejiga:
el órgano que recoge la orina filtrada por los riñones, que luego se expulsa a través de la uretra, en todos los cuerpos.

Vesículas seminales:
donde se produce el líquido que se combina con los espermatozoides en cuerpos XY.

Vestíbulo:
área entre los labios menores de la vulva.

Vulva:
órgano genital externo en cuerpos XX.

ILUSTRADORA

Silvia Vanni

es una ilustradora apasionada por los cómics y la coloración digital. Fue ganadora del concurso de proyectos en Lucca Comics and Games en 2013, y desde entonces trabaja como ilustradora *freelance*, con varias obras publicadas.

AUTORAS

La Dra. Giulia Marchesi

es psicóloga experta en sexología y educación sexual. Es fundadora de SE, un proyecto dedicado a la educación sexual saludable, y cofundadora con Francesca de LeParolePerDirlo, que organiza reuniones informativas, talleres y seminarios web sobre educación sexual y afectiva.

Francesca Palazzetti

es una doula experta en educación sexual, cofundadora con Giulia de LeParolePerDirlo, su proyecto sobre educación sexual y consentimiento dirigido a padres y educadores de niños y adolescentes de 0 a 13 años.

Colección Salud y Vida natural

Mi cuerpo cambiante

Giulia Marchesi y Francesca Palazzetti

1.ª edición: mayo de 2025

Título original: *My Changing Body*
Texto: *Giulia Marchesi y Francesca Palazzetti*
Ilustraciones: *Silvia Vanni*

Traducción: *Juli Peradejordi*
Maquetación: *El Taller del Llibre, S. L.*

Edita: Ediciones Obelisco, S. L.
Collita, 23-25. Pol. Ind. Molí de la Bastida
08191 Rubí - Barcelona / Tel. 93 309 85 25
E-mail: info@edicionesobelisco.com

ISBN: 978-84-1172-253-7
DL B 20.406-2024

Printed in China